Mein Stuhl

„… mein Stuhl ist immer auf seinem Platz
Mein Stuhl ist die Achse der Welt,
ist mein ewiger Fels.
Auf der Welt gibt es allzuviel leere Dinge.
doch mein Stuhl ist
auch unbesetzt
nicht leer."


Kim Chong-mun (1919 - 1981)

Bibliografische Information der Deutschen Nationalbibliothek:

Die Deutsche Nationalbibliothek verzeichnet diese Publikation in der Deutschen Nationalbibliografie; detailierte bibliografische Daten sind im Internet über http://dnb.dnb.de abrufbar.

Verlag: BoD • Books on Demand GmbH, In de Tarpen 42, 22848 Norderstedt

Druck: Libri Plureos GmbH, Friedensallee 273, 22763 Hamburg

ISBN 978-3-7597-7735-5

Sechs Tage nach den US-amerikanischen Atom-
bombenabwürfe auf Hiroshima und Nagasaki am 6.
August und 9. August 1945 gab Kaiser Hirohito
mit der Rede vom 15. August die Beendigung des
„Großostasiatischen Krieges" bekannt. Das war
der Anfang vom Ende des Leides hundert-
tausender junger Frauen und Mädchen, die vom
japanischen Militär als Sexsklavinnen, euphe-
mistisch als „Trostfrauen" bezeichnet, während
des Zweiten Weltkrieges missbraucht wurden.
Am 14. August 1991 bekannte sich Großmutter
Kim Kah-soon zum ersten Mal öffentlich dazu,
eine Sexsklavin des japanischen Militärs gewesen zu sein; seit 2012 ist der 14. August der
„Internationale Gedenktag für dieTrostfrauen".
Bisher entstanden weit über 100 Orte der
Erinnerung an dieses Verbrechen weltweit.
2011 wurde die Bronzeskulptur „Mädchenstatue
für den Frieden" des Künstlerehepaares Kim
Seo-kyeong und Kim Un-seong in Seoul vor den
Toren der japanischen Botschaft, enthüllt.
Mehrere Wiederholungen der „Mädchenstatue"
stehen geduldet nicht erwünscht an verschie-
denen Orten dieser unserer Erde. Eine davon
konnte im August und September 2018 in
Hamburg-Altona im Foyer des Dorothee-Sölle-
Hauses gezeigt werden.


Dr. Martin Schmidt-Magin gibt seine ganz
persönliche Sicht auf die „Mädchenstatue für
den Frieden" in Form tagebuchartiger
Beschreibungen der Begegnungen mit
Aktivistinnen und Aktivisten.

Für Nuna

# Die Mädchenstatue für den Frieden

## – meine persönliche Reise

von
Martin Schmidt-Magin

**REGARDEUR X**

# "I was a sex slave of Japanese military"

- Torn hair symbolizes the girl being snatched from her home by the Imperial Japanese Army.

- Tight fists represent the girl's firm resolve for a deliverance of justice.

- Bare and unsettled feet represent having been abandoned by the cold and unsympathetic world.

- Bird on the girl's shoulder symbolizes a bond between us and the deceased victims.

- Empty chair symbolizes survivors who are dying of old age without having yet witnessed justice.

- Shadow of the girl is that of an old grandma, symbolizing passage of time spent in silence.

- Butterfly in shadow represents hope that victims may resurrect one day to receive their apology.

6

# Inhalt

Kintsukuroi bezeichnet die traditionelle japanische Methode zur Reparatur von Steingut, Seladon oder Porzellan. Dabei werden die vorhandenen Bruchstücke eines Gefässes oder Objektes mit Lack geklebt und Fehlstücke ergänzt. Diese Klebestellen werden nicht mit Farbe kaschiert sondern mit feinstem Goldstaub überstreut. Das zerbrochene Gefäß erhält seine ursprüngliche Form zurück, die Narben sind deutlich sichtbar, durch die Transformation der Reparatur jedoch bleibt die Würde des Gefäßes gewahrt.
Für mich ein treffendes Synonym für die „Trostfrauen".

Oben: Beispielfoto für Kintsukuroi
Rechts: "Mädchenstatue für den Frieden", Bronze, Stein, 2011, im Foyer des Dorothee-Sölle-Hauses, 2018

# Vorwort

„Herr Doktor ! Sie sind der Künstlerische Leiter dieses Projektes?" „Ja." „Dann muss ich Ihnen etwas mitteilen, und zwar meine Eindrücke zu diesem Mahnmal. Sie sehen ja, ich bin, wie Sie, ein Mann. Und ich muss Ihnen sagen ... ich kann mich dieser Statue nicht nähern. Zu stark schwingen meine eigenen schlimmen Erfahrungen in mir, beim Anblick dieses jungen Mädchens. In meiner Kindheit war auch ich Opfer von Übergriffen und offensichtlich habe ich dieses alte Thema noch immer nicht verarbeitet und aufgelöst. Meine Frau machte mich auf diesen heutigen Event aufmerksam und ich bin ganz blauäugig mitgegangen. Und nun, sehen Sie mich an. Ich stehe hier im Foyer des Dorothee-Sölle-Hauses, so weit entfernt von der Statue, wie es nur möglich ist und doch so nah, dass ich sie gerade noch sehen kann. Und innerlich? Innerlich zittere ich." „Es ist bemerkenswert und spricht für Sie, dass Sie sich dieser Erfahrung stellen. Eine andere Dame sagte mir gerade vor wenigen Minuten annähernd das Gleiche. Auch sie musste in ihrer Jugend sexuelle Übergriffe ertragen und kann die Skulptur aus der Ferne anschauen, sich ihr aber nicht wirklich nähern. Und doch, sie sagte: Bei einem zweiten Besuch, wenn sie alleine mit der Skulptur hier im Foyer ist, dann wird sie sich ihr nähern und auch sicher einmal auf dem leeren Stuhl Platz nehmen. Vielleicht ist das auch für Sie ein Ansatz."

Mit dieser kurzen Gesprächssequenz ist das Thema der „Mädchenstatue für den Frieden" schon nahezu gänzlich umrissen: Ein Mahnmal gegen sexuelle Übergriffe. Ein Denkmal für die Einhaltung der Menschenrechte. Ein klares Statement für „Ein

NEIN ist ein NEIN!" Ein Hilfeschrei all jener
Mädchen und jungen Frauen, die in Kriegsgebieten
als leichte Beute marodierender Soldaten
misshandelt, vergewaltigt und getötet wurden und
auch heute noch werden. Sie, die Statue,
„Pyeonghwabi", ist eine Aufforderung an uns
alle: „Macht endlich Schluss mit sexualisierter
Kriegsführung! Macht endlich Schluss mit Gewalt
gegen Frauen!" Sexueller Missbrauch Schwächeren
gegenüber geschieht seit Menschen gedenken. Es
ist endlich an der Zeit, dass sich der männliche
Teil unserer Gesellschaft der eigenen
Verantwortung bewusst wird und erkennt und
verinnerlicht, dass Intoleranz und Demütigung,
Erniedrigung, Gewalt und Folter keine Mittel im
Umgang mit dem weiblichen Geschlecht sein kann.
Die bronzenen „Mädchenstatue für den Frieden"
gibt uns, den Betrachtern die Möglichkeit,
wieder in Kontakt mit dem eigenen Inneren Kind
zu kommen, das von Vater und Mutter, von
Freunden und Erziehenden geschlagen und verletzt
wurde. Und über die Kontaktaufnahme mit dem
Inneren Kind kann Heilung geschehen, für uns
selbst, über Annahme und Vergebung; ebenso für
Andere, denn über die eigene Heilung entsteht
Mitgefühl, Respekt und Verständnis.

Ursprünglich entstand die „Mädchenstatue für den
Frieden" in Süd-Korea, explizit als ein Mahnmal
gegen die sexualisierte Gewalt des japanischen
Militärs im Zweiten Weltkrieg gegen Mädchen und
junge Frauen in den besatzten Gebieten im Asia-
Pazifik-Raum. Wissenschaftler gehen von einer
erschreckend hohen Zahl von Opfern aus und
beziffern diese mit zwischen 200.000 und
400.000! Und natürlich gibt es Institute und
Forscher, die diese Zahlen bezweifeln. Aber,
selbst wenn „nur" 10.000 Opfer sexueller Gewalt

durch japanische Soldaten hätten erleiden müssen, es wären 10.000 Opfer zuviel! Jede Frau, jedes Mädchen, dass sexuelle Übergriffe erleiden muss ist ein Opfer zuviel! So steht die Statue mit ihren Wurzeln fest verwachsen mit dem Konflikt zwischen Japan und Korea.

Dadurch jedoch, dass wir eine Kopie der Statue nach Deutschland transportiert haben und sie hier im Geltungsbereich der Deutschen Verfassung aufstellten, erhält sie eine viel umfassendere, eine generelle Bedeutung. Die Statue wird zum allgemeinverständlichen Symbol, grenz- und kulturübergreifend.

Nach meiner persönlichen Erfahrung verläuft der individuelle und persönliche Kontakt mit der „Mädchenstatue für den Frieden" in mehreren Etappen ab. Zunächst wird die Skulptur aus der Ferne wahrgenommen, in ihrer naturalistischen Ausformung: Ein Mädchen in traditioneller Kleidung sitzt auf einem Stuhl, daneben befindet sich ein weiterer Stuhl, jedoch unbesetzt. Beim Herantreten werden Einzelheiten der Statue wahrnehmbar: das Mädchen schaut merkwürdig teilnahmslos, mit leeren Augen starrt sie vor sich hin. Die Haare sind kurz geschnitten, kinnlang und unfrisiert, eher zerzaust. Die Hände sind zu Fäusten geballt und vor den Schoß gepresst, die Füße finden keinen festen Halt auf dem Boden, sondern schweben leicht darüber. Auf der Schulter sitzt ein kleiner Vogel. Hinter dem Mädchen auf der Plinthe der Statue bildet ein mit schwarzen Steinen gebildetes Mosaik den Schattenwurf, nicht jedoch des jungen Mädchens, sondern einer alten Frau, deutlich nach vorne gebeugt, sitzend mit einem Haardutt im Nacken. Der Schatten ist mit gebrochenen schwarzen

Steinen mosaiziert; in der Mitte befindet sich
ein aus weißem Marmor gefertigter Stein in Form
eines Schmetterlings. Der bronzene Stuhl zu des
Mädchens rechten Seite ist leer. Wenn die Statue
soweit bereits erfasst werden konnte, dann ist
auch die der Statue beigegebene Schrifttafel zu
lesen, der Text lautet:
„Diese Mädchenstatue für den Frieden erinnert an
das Leid der sogenannten „Trostfrauen", die
während des 2. Weltkrieges von der japanischem
Militärregierung zwangsprostituiert wurden. Ca.
200.000 Frauen aus den besetzten asiatischen
Länder wurden in Militärbordelle verschleppt und
sexuell missbraucht. Das Mahnmal gedenkt der
Leiden der Opfer dieses unmenschlichen
Kriegsverbrechens und leistet einen Beitrag, um
die Würde und Rechte der betroffenen Frauen
wieder herzustellen. Zugleich ist es ein
fortwährender Aufruf zum Frieden und dient als
Zeichen der Erinnerung an alle Menschen, die
auch heute noch weltweit Opfer sexueller Gewalt
werden.
In Solidarität mit allen Menschen auf der Welt,
die sich für den Frieden einsetzen!
14. August 2018"

Und spätestens jetzt, da der Begleittext gelesen
wurde setzt der „V-Effekt" ein, das von Bert
Brecht initiierte Stilmittel des Epischen
Theaters: Der Verfremdungseffekt. Eine Handlung
wird derart unterbrochen, dass beim Zuschauer
jegliche Illusionen zerstört werden. Zerstört
wird hier die Illusion, dass die „Mädchenstatue
für den Frieden" eine schön anzusehende aber
belanglose Skulptur unter vielen ist. Nein,
belanglos ist diese qualitätsvolle Statue
keinesfalls, sie beinhaltet Sprengstoff und
Heilung zugleich. Sprengstoff für jene, die

Gewalt und Auseinandersetzung suchen, Heilung für jene, die sich für ein Gespräch und einen Austausch öffnen, die die eigenen Wunden und Verletzungen anschauen können und aus der Annahme der eigenen Wurzeln und Herkunft, Stabilität im Jetzt und Kraft für die Zukunft entwickeln.

Großmutter Lee Yong-soo ließ mich bei meinem Besuch im November 2018 anläßlich ihres 90sten Geburtstages in Korea erkennen, dass „Anerkennen – Vergeben – Erblühen lassen!" – die richtige Formel ist für den Umgang mit der eigenen Geschichte, wie schrecklich oder auch wie schön sie auch immer gewesen sei. Nur indem wir uns unserer Vergangenheit stellen, sie als das anerkennen was sie ist und dabei anerkennen, dass sie vorüber ist, dass wir durch Vergebung wieder Kraft für unsere Gegenwart gewinnen, indem wir uns auf uns selbst wieder besinnen können und aus diesen Erkenntnissen heraus Neues und Friedvolles in der Zukunft erblühen lassen, nur dadurch kann Versöhnung geschehen und dabei kann auch ein Werk der Kunst, ein Bild oder eine Skulptur helfen.

Ja, es ist möglich und geschieht immer wieder, dass wir vor der geballten Kraft des Gemäldes eines Leonardo da Vinci, eines Rembrandt, eines Picasso, eines Damian Hirst vor Ehrfurcht regelrecht „ersterben"; ja, das ist möglich. Aber: vor der Bronzeskulptur „Mädchenstatue für den Frieden" werden wir als Betrachter auf einer ganz anderen Ebene erreicht. Es ist nicht die oberflächliche Ebene der Verehrung, sondern die Ebene der persönlich-individuellen Betroffenheit. Wir können uns in der Skulptur des bronzenen Mädchens wiedererkennen; wir können uns mit ihr identifizieren, verschmelzen und aus dieser Einheit kann eine neue Sichtweise erwachsen, die dabei hilft zu verstehen, dass es keine Rivalität zwischen Männern und Frauen geben muss, dass Männer Frauen verstehen können und – wie im Taoismus – nur aus der Einheit von Yin und Yang (weiblicher und männlicher Energie) eine einheitliche Stärke resultieren kann und resultieren wird! Die „Mädchenstatue für den Frieden" macht Mut und gibt die Stärke dazu! Mit anderen Worten: „See it – Say it – Sort it!"


Teil I

„Geboren wurde ich in Lehm aus Erz durch Feuer … meine Schwestern residieren verteilt über den Erdball"


Konzipiert wurde ich im Atelier des koreanischen Künstlerehepaares Kim Seo-kyung und Kim Un-seong in Seoul, Süd-Korea. In einer liebevollen und von Respekt und Toleranz  getragenen Atmosphäre entstand meine Urform, das Modell zur Marquette, der Gussform. Nur zu gerne erinnere ich mich an die warmen und weichen Hände von Seo-kyung und Un-seong, die zu anfangs flüssigen Gips und später warmes Wachs über mein inneres Metallskelett gossen, auftrugen und schließlich – wie gesagt mit ihren Händen – glatt strichen. In der obersten Wachsschicht modellierten beide – ganz zärtlich – meinen Körper, meine Haut und die Kleidung, die ich tragen darf, den Hanbok, das traditionelle Gewand koreanischer Frauen und die feinen Stoffschuhe. Modell sass den beiden, die keine eigenen Kinder haben, ein junges ca. 13 Jahre altes Mädchen aus der Nachbarschaft des Ateliers. Sie ist eines jener vielen Kinder, die, von Neugierde getrieben wieder und wieder ihre Nasenspitze an die großen Fensterscheiben der Atelierhalle pressen, um einen Blick ins Innere zu erhaschen. Da Seo-kyung und Un-seong nur zu gerne Kinder um sich herum spielen sehen, hat sich seit dem Einzug beider Künstler eine kleine Fangemeinde von Nachbarskindern gebildet, die nahezu täglich im Atelier vorbeischauen. Dabei bringen sie gelegentlich Obst oder Süßigkeiten zu den Künstlern, manchmal treiben sie Schabernack, indem sie die Klingel drücken oder an das riesige Tor klopfen und natürlich gleich danach schnell weglaufen; doch manchmal sitzen sie auch ganz ehrfürchtig auf dem alten Sofa im Atelier und verfolgen mit weit geöffneten Augen, oft auch mit weit geöffnetem Mund den Entstehungsprozess von Zeichnungen und Plastiken.

Eines der Mädchen gefiel Seo-kyung und Un-seong so gut, dass sie bei dessen Eltern anfragten, ob Sumi, so ist ihr Vorname, ob Sumi Modell sitzen könne für die zu entstehende Bronzeskulptur „Mädchenstatue für den Frieden". Die Eltern zierten sich anfangs. Sie betreiben ein kleines Lebensmittelgeschäft in dem nahegelegenen Einkaufszentrum, gleich an dem Eingang der zur Bowlinghalle führt und dort werden alle Hände der Familie zur Unterstützung benötigt, auf keinen der fünfköpfigen Familie ist zu verzichten, denn jeder und jede ist mit einem festen Part im Geschäftsablauf betraut. Als Seo-kyung und Un-seong jedoch versicherten, dass

Sumi nur wenige Stunden an wenigen Tagen als Modell sitzen werde und die Zeiten natürlich gemeinsam abgesprochen werden können, da willigten die Eltern ein. Zwischenzeitlich hatten sie auch mit vielen ihrer Kunden über dieses „Projekt", wie sie es nannten gesprochen und dabei erfuhren sie, dass es als eine Ehre zu verstehen ist, wenn ein Künstler danach fragt, ob man für sie Modell sitzen möge.

Was Sumi vor allen anderen Kindern der „Fangemeinde" auszeichnete, war ihr immer freundliches Wesen. Es gab niemanden, der hätte sagen können, dass er Sumi jemals mit schlechter Laune angetroffen oder dass sie gar einer Anfrage um Hilfe nicht entsprochen habe. Sumi war ein sprichwörtlicher Sonnenschein für ihre Familie und all jene Menschen, die mit ihr in Kontakt kamen. So achtete sie während der vielen Stunden, die sie in der großen Halle des Einkaufszentrums am Stand ihrer Eltern verbrachte peinlich genau darauf, dass wann immer eine hilfsbedürftige Person an der Glastüre auftauchte und nicht unmittelbar selbst die schwere Türflügel öffnete, dass sie oder einer ihrer beiden Brüder diesen Personen zu Hilfe eilte. Dabei war ihr oberstes Gebot an sich selbst und an ihre Geschwister, dass sie immer mit einem Lächeln im Gesicht diesen kleinen Dienst am Nächsten ausübten. Sumi war auch als „Kleine Sonne" bei den Mitbewerbern im Einkaufszentrum bekannt, alle, wirklich alle schätzen ihre freundliche und wohltuend quirlige Art, die sie manchmal sogar noch mit einem kleinen Scherz oder einem Bonmot zur Belustigung der Umstehenden würzte. Sumi brachte sprichwörtlich Licht in die Tristess des Einkaufszentrums.

Und dennoch wunderte es die Eltern der kleinen Sumi, warum das Künstlerehepaar gerade ihr Kind auswählten. Für Sumis Eltern war die Kleine eher eine vorwitzige Göre, die sich hin und wieder zu viel herausnahm und der es an dem ehrwürdigen und zurückhaltenden Respekt anderer Mitmenschen gegenüber bisweilen fehlte. In alkoholgeschwängerten Gesprächen ließ sich ihr Vater sogar gegenüber seinen Geschäftspartnern dazu verleiten, Sumi als eine Schande der Familie zu bezeichnen. Diejenigen jedoch die Sumis Vater näher kannten wussten, dass er und seine Tochter ein Herz und eine Seele waren und er niemals weder die Hand gegen sie erheben hätte können, noch sie schelten oder ausschimpfen würde.

Die Verwunderung der Eltern war auch erst ab dem Moment aufgetaucht, da sie vom Inhalt, von der Thematik des „Projektes" erfuhren. In ihrer Vorstellung müsste ein trauriges, ein vom Leben stark gezeichnetes Mädchen, vielleicht sogar eine verunstaltete junge Frau als Vorbild für die „Mädchenstatue für den Frieden" den Platz einnehmen; doch, sie fügten sich gerne und versprachen, Sumi bei ihrer ersten Model-Rolle zu unterstützen.

So wurde ich nach dem Vorbild der lebensfrohen Sumi geschaffen. Ihr Aussehen ist ebenmäßig, ihre Herkunft aus einer eher arm als reich zu nennenden Familie im Nordosten der Landeshauptstadt und Multimillionenmetropole Seoul ist ihr nicht anzusehen. Die eher harten Gesichtszüge ihrer Urgroßeltern, die zwischen dem Sarak-san-Gebirge und dem Gelben Meer lebten sowie die weiche körperliche Erscheinung ihrer Vorfahren, die von Jeju, der größten Insel

Koreas kommend nach dem Großen Bruderkrieg in
der neuen Hauptstadt der Republik Korea, in
Seoul ihren neuen Lebensmittelpunkt fanden;
beide Antipoden vereint sie in sich und Sumi
kann wirklich als eine Gegensätze in sich
harmonisch vereinende koreanische Schönheit
angesehen werden, die auch von Europäern und
Amerikanern als koreanisches Mädchen schnell
identifiziert werden kann. Und obwohl sie bereits
im 14ten Lebensjahr stand, strahlte ihr rundes,
volles Gesicht noch viel Kindlichkeit aus, was
nicht nur den leicht vorgewölbten Wangen
geschuldet war.

Ich glaube, dass meine „Eltern" keine bessere
Wahl hätten treffen können. Das Los jedoch jener
Mädchen und Frauen für die ich als Symbol stehe
ist vergleichen mit dem Leben Sumis
unvorstellbar härter, schrecklicher und
widerwärtig gewalttätiger. Um so mehr bewundere
ich die Wahl von Seo-kyung und Un-seong, die
auch in diesem „Projekt" die kleine Flamme des
Respekts, der Anerkennung und Würdigung jener
vom Schicksal so sehr geschlagenen Frauen
erleuchten lassen.


Ich selbst erfuhr von dem Schicksal jener Frauen
für die ich symbolisch in Zukunft stehen sollte
und nun stehe, recht spät. Die Entstehung meiner
Rohform war, wie ich oben schon berichtete von
Liebe und Zärtlichkeit geprägt. Je mehr ich aber
in meine letztendliche Gestalt hineinwuchs,
desto klarer und deutlicher konnte ich das
wahrnehmen was um mich herum geschah. Waren es
anfangs nur auf mich selbst bezogene Gefühle,
pures Wahrnehmen und Spüren der Beziehung

zwischen Künstler und Werk, so wurden meine
Sinne schärfer und schärfer ausgebildet und
schließlich konnte ich nicht nur meine Umgebung
sehend wahrnehmen sondern auch das hören, was in
meiner Umgebung gesprochen wurde.

Was ich damals im Atelier sah, gefiel mir gut.
Die weitläufige und hohe Fabrikhalle, die noch
vor wenigen Jahren eine Produktionsstätte für
Sanitäranlagen beherbergte, befindet sich nun in
einer Umgestaltungsphase, man könnte auch von
einem Dornröschenschlaf sprechen. Die Krake
Seoul wächst wie ein flächeverschlingendes
Krebsgeschwür immer weiter in ihre eigenen
Vorstädte hinein, dabei verleibt sie sich alles
in traditioneller Langsamkeit Gewachsene
inzestiös selbst ein. Sie zerstört die klein-
urbanen Strukturen, macht sie dem Erdboden
gleich und erzwingt durch Vertreibung Platz für
Appartmenthochhäuser mit bis zu 30 Stockwerken;
eingepfercht in von Zäunen umschlossenen
Wohnarealen, bewacht an den Ein- und Ausgängen,
nur mit dem Auto zu erreichen und steril ob der
modularen Bauweise. Eine Beschreibung der
Hausarchitektur würde einem ortsfremden Besucher
nicht beim Auffinden des Wohngebäudes helfen.
Aber noch trotzt die Fabrikhalle von K+E dem
Abriss und bietet ein Refugium intellektuellen,
kulturellen und politischen Austausches.


Beim ersten Blick durch das Atelier fielen mir
über der schon erwähnten Sofagruppe eine
Komposition dreier gerahmter Grafiken von der
deutschen expressionistischen Künstlerin Käthe
Kollwitz auf; wundervoll ausdrucksstarke
Holzschnitte die die Armut und Qualen der

Arbeiterschicht, der Entrechteten, von Frauen und Kindern anprangern: Eingerahmt und hinterfangen von dem Satz: „Nie wieder Krieg!" ist eine junge Frau zu sehen, zerzaust ihr Haar, aufgelöst die Kleidung und hoch in die Luft die rechte Hand gestreckt, gleich einem Ausrufezeichen steht sie für ihre Forderung ein. Auf einem anderen Blatt kniet eine junge Frau vor einem Leichnam, verzweifelt hält sie ihre Hände vor das Gesicht, der dritte Druck zeigt eine offensichtlich noch junge Frau, sichtbar wieder schwanger, hält sie einen Säugling vor ihrer Brust, und hält an ihrer Linken ein weiteres Geschwister. Ihr Gesicht ist hager und eingefallen, tiefe Ringe haben sich unter ihren Augen gebildet. Ihre Gestalt ist gebeugt; anklagen und fordern kann sie schon lange nicht mehr, das Schicksal hat sie gebrochen.

An der selben Wand befinden sich Zeichnungen, Holzschnitte und Plakate von Künstlern der koreanischen Minjung-Bewegung, die sich als Reaktion auf das Gwangju-Masaker im Mai 1980 bildete. Der südkoreanische Diktator General Chun Doo-hwan befehligte damals die brutale Niederschlagung einer von Studenten geführten Demonstration gegen die herrschende Militärdiktatur und für Demokratie. Über 100 Menschen wurden getötet, über 4000 verletzt, hunderte galten nach diesen Tagen als vermisst. Die Künstler, unter anderem O Yun, Im Ok-sang, Kim Pong-jun und Hong Song-dam nutzten Malerei und besonders den Holzschnitt, um ihren Ruf nach Demokratie und Wiedervereinigung beider Koreas Ausdruck zu geben. Im Zielpunkt ihrer Kritik standen Imperialismus, Amerikanismus und die autoritäre südkoreanische Regierung. Der alltägliche Kampf der Arbeiter, die Natur aber auch Familie und alltägliches Leben bildeten den Mittelpunkt ihres künstlerischen Schaffens und ihres Weltbildes. Klare Botschaften führten sie in klarer Linienführung aus. Entsprechend wollen sich die beiden Bildhauer als sozialkritische Künstler verstanden wissen, die sich nicht in einer L´art pour l´art-Bewegung verlaufen, sondern die genau auf die aktuellen gesellschaftlichen Verhältnisse, sowohl in ihrem Heimatland als auch auf dem gesamten Weltball schauen und die ihren Beitrag leisten, mit den Produkten ihrer Hände zur Sichtbarmachung von Unrecht, verbunden mit einem Lösungsansatz: Kunst im Dienste der Menschheit!

Im Kontrast zu diesen propagandistischen und offensichtlich die gesellschaftlichen Verhältnisse und Ungerechtigkeiten anprangernden Druckerzeugnissen stehen ihre sehr unscheinbar und nie fordernd-aggressiv daherkommenden Skulpturen und Skizzen; die aber in keinster Weise in Fragen der Qualität hinter den anderen genannten Künstlern stehen oder sich gar hinter ihnen verstecken müssten.

Denn, auch wenn ich für ein eigentlich unfassbares Verbrechen gegen die Menschlichkeit stehe, ausgeübt von japanischen Männern während des 2ten Weltkrieges, so hätte ich zunächst erwartet, dass ich mich in einer kämpferischen, zumindest aber leidenden, geschunden und mit drohender Geste und aggressiver Haltung der Welt präsentiere. Doch der erste Blick in einen Spiegel verriet mir etwas anderes. Seo-kyung und Un-seong setzten die Schönheit und lebensbejahende Weltsicht von Sumi unmittelbar in mir um. Auf einen kleinen Holzschemel haben sie mich gesetzt, bekleidet mit dem Hanbok

junger Mädchen, jedoch fehlt diesem der das
Kleid oberhalb der Brüste zusammenhaltende
Metallschmuck, der oft einen kleinen Metallstift
in einer verzierten Scheide beinhaltete.
Natürlich, dies hätte ja als Waffe gegen
Angreifer oder gegen mich selbst Einsatz finden
können. Meine Hände halte ich im Schoß oberhalb
meiner Schenkel, meine Fäuste sind fest
zusammengeballt. Beide Füsse finden keinen Halt
auf dem Untergrund, die Fussballen schweben über
dem granitenen Boden. Direkt unter dem Stuhl
befindet sich ein schwarzer Fleck in der Form des
Schattens den eine gebeugt sitzende alte Frau
wirft. Woran ich das erkenne? An dem gebeugten
Rücken und dem Haardutt in ihrem Nacken. Dieser
Schatten ist aus einzelnen schwarzen
Marmorscherben gebildet; ein Scherbenmosaik
eingelassen in eine weisse Grundmasse in grauen
Granitplatten. Zentral und deutlich sichtbar ist
ein in weissem Marmor gefertigter Stein in Form
eines Schmetterlings eingelassen. Flach und
unbeweglich liegt er im Boden verankert.
Dennoch, der Schmetterling symbolisiert, dass
Transformation möglich ist! Sein
dreidimensionales Gegenstück findet sich auf
meiner linken Schulter, ein Vögelchen,
vielleicht ein Rotkehlchen oder ein Zaunkönig.
Und auch dieser steht für positive Veränderung,
für Hoffnung und Aufbruch. Und mein Blick? Der
ist nach innen gerichtet. Hier ist kein
Augenkontakt möglich, ich bin vollständig
verschlossen, in mich gekehrt zu keiner
emotionalen Regung mehr fähig.

Zu meiner Rechten auf der Grundplatte aus Granit
ist ein zweiter bronzener Schemel platziert, er
ist leer, unbesetzt … hier ist Platz für Dich!

24

Während der vielen Wochen der Konzeption und des Modellierens an meiner Form, hielten mich Seo-kyung und Un-seong vor neugierigen Blicken verborgen. Die einzige Ausnahme bildeten der bereits erwähnte Fanclub der Nachbarskinder und natürlich Sumi selbst. Befreundete Künstler, andere Kollegen oder gar Galeristen, Aktivisten oder Sammler wurden gezielt in der Zeit meiner Entstehung vom Atelier ferngehalten. Erst als sich Seo-kyung und Un-seong sicher waren, meine letztendliche Form in Vollendung gefunden zu haben, erst dann waren sie bereit, mich zunächst einer kleinen Anzahl handverlesener Persönlichkeiten und Zeitzeugen, also Betroffenen, zu zeigen. Denn, wer könnte besser über die Qualität eines Symbols entscheiden als jene Großmütter, die seit Jahren mittwochs ihre Stimme erheben, in Seouls Innenstadt, bei Regen, Schnee oder Hitze, bei Abgasen und Feinstaub? Zu dieser ersten öffentlichen Besichtigung von den Künstlern eingeladen kamen zahlreiche Großmütter, auf koreanisch: Halmonies. Die innere Anspannung der Großmütter löste sich beim Anblick der Statue, also vor mir, in Schreien, Wehklagen und Weinen auf. Tränen der Rührung, der Wut und der Erleichterung liefen den hochbetagten Frauen über ihre faltenreichen Wangen. Wie viele Hände mich an diesem Abend berührten, streichelten, das weiss ich nicht mehr. Jede und jeder der Anwesenden suchte den Kontakt mit mir und setzte sich auf den leeren Stuhl um für ein Foto zu posieren, während sich die anderen um mich und hinter mir zusammendrängten, um auch auf einem der unzähligen Fotos Platz zu finden. Voll des Lobes waren alle Kehlen und schließlich wurde auch gesungen und getanzt, die angestauten Emotionen fanden viele Formen des Ausdrucks an diesem

Abend, der schließlich mit einem herrlichen
Abendessen ausklang.

So waren die ersten Hürden genommen.
Zwischenzeitlich wurde auch entschieden, dass
mein Platz, mein Aufstellungsort unmittelbar vor
der Japanischen Botschaft in Seoul am Ort der
Mittwochsdemonstrationen sein soll. Die
notwendigen Geldmittel zur Herstellung des
Bronzegusses und der steinernen Bodenplatte
waren gesammelt und dann galt es mit einer
eigens hergestellten Gipsabformung in
Originalgröße die Wirkung an Ort und Stelle zu
überprüfen. Mit Goldbronze überzogen und auf
einem Handwagen zum leichteren Transport
montiert wurde diese Abformung von mir
schließlich vor den Eingang der Japanischen
Botschaft gerollt.

Die Wirkung war beeindruckend. Vom
bereitstehenden Polizeiaufgebot zunächst
argwöhnisch beäugt, kippte die Stimmung der
Polizisten bei näherer Inaugenscheinnahme in
helles Lachen. Abfällige Bemerkungen musste ich
über mich ergehen lassen, dennoch unterstützen
einige der Polizisten unsere Aktion und halfen
mir, einen Platz auf dem Trottoir zu finden. Doch
schnell kippte die Stimmung wieder als die
Polizisten erkennen mussten, welche Wirkung
dieses scheinbar so simple Werk anstiess. Die
Rufe der Demonstrationsteilnehmer wurden lauter
und mit noch festerer Stimme riefen sie
skandierend im Chor nach Gerechtigkeit, nach
Anerkennung, nach Wiedergutmachung.

Das Weinen und Flehen der Großmütter wurde nun
umso dringlicher, da sich nun mithilfe meiner
Präsenz eine bildliche Darstellung der Opfer in

deren kindlichem und jugendlichem Alter
hinzugesellt hatte. Nun waren es nicht mehr nur
alte Frauen, die mit ihren Worten Bilder der
Vergangenheit wiederauferstehen ließen, sondern
jetzt konnte jeder der Anwesenden mit eigenen
Augen sehen, dass damals im 2ten Weltkrieg
Verbrechen gegen Kinder und Jugendliche begangen
wurden. Immer beklemmender wurde die Atmosphäre
an diesem Mittwochnachmittag. Glücklicherweise
liessen die Polizisten die Demonstranten an
diesem Nachmittag in ihrem wortreichen und
lauten aber gewaltfreien Tun gewähren, sie zogen
sich bis zur gegenüberliegenden Bordsteinkante
vor der Japanischen Botschaft zurück und
standen, in Ermangelung aktueller Weisungen,
lediglich als geschlossene Phalanx, das
Botschaftsgebäude im Rücken. Bei Einbruch der
Dunkelheit wurde ich wieder in das
Künstleratelier zurückgefahren. Seo-kyung und
Un-seong konnten sich nun sicher sein, genau das
Richtige getan zu haben, indem sie mich so
schufen, wie sie mich geschaffen hatten. Die
Reaktionen von Betroffenen und Passanten waren
eindeutig, meine Reise konnte weitergehen
nachdem die erste Teiletappe nun so erfolgreich
genommen war.

Zurück im Atelier begannen die Vorbereitungen
für meinen anstehenden Guss in Bronze. Seo-kyung
und Un-seong überarbeiteten nochmals die
Wachsoberfläche meiner Gussform, der Marquette,
dann befestigten sie das Kanalsystem mit dem
Eingusstrichter und den sogenannten Windpfeifen,
den Luftausweichkanälen, welche ebenfalls aus
Wachs geformt waren. Diese Prozedur dauerte
lange und schließlich befand ich mich in einem
wahren Knäul aus wächsernen Kanälen. Im nächsten
Schritt ummantelten mich Seo-kyung und Un-seong

mit einer dicken Schicht Formsand, diese Schicht umgürteten sie mit mehreren Stahlbändern. Die Gussform war damit fertiggestellt. Mehrere Helfer waren am nächsten Morgen eigens in das Atelier gekommen, um mich auf die luftgefederte Pritsche eines LKWs zu hieven und weiter ging es zur Giesserei. Mithilfe eines Kranes konnte dort der Abladevorgang schneller vollzogen werden als das Aufladen. Und schon befand ich mich versenkt in einer der vielen Gussgruben der Bronzegießerei. Gerade rechtzeitig, denn der Anstich des Hochofens in dem seit Stunden die Bronzeblöcke zum Schmelzen gebracht wurden, stand nun unmittelbar bevor. Schnell wurde weiterer Lehm zwischen die Gussform und die Grubenwand eingebracht und feststampft. Dann legten die Gießereiarbeiter ihre aus Asbest gefertigten Schutzanzüge an, stülpten sich die Schutzhauben über und der große Moment des Gusses stand bevor. Der Vorarbeiter stieß mit einer langen Stange die Öffnung des Hochofens auf, schob die Schlacke von der Öffnung zur Seite und der über 1.000 Grad Celsius heiße Metallstrom ergoss sich wie Lava in eine Rinne, die direkt auf den Eingusskanal meiner Form gerichtet war. Die nun in die Gussform eindringende Hitze ließ unmittelbar das Wachs unter großem Getöse und Gezische verdampfen, der Erdboden bebte ob der Transformation durch die ich gerade ging, doch wenige Sekunden später kehrte wieder Stille ein. Das Werk der Gießer war vollbracht, mehr konnten sie nicht tun. Ob der Guss gelungen war, das wird sich erst Stunden später zeigen, nach dem Zerschlagen der Form; nun galt es zu warten. Am späten Nachmittag war es dann soweit. Hilfsarbeiter legten die Gussform frei, der bereits bekannte Kran ergriff sie und setzte sie nun ebenerdig in der Werkstatt ab. Mit schweren Vorschlaghämmern entfernten die Arbeiter die Lehmschicht, trennten die Metallbänder durch und der erste Blick auf den Rohguss ließ alle Anwesenden, besonders jedoch Seo-kyung und Un-seong erstrahlen. Ja, der Guss war gelungen. Scheibenschleifgeräte kamen nun zum Einsatz, mit diesen entfernten Facharbeiter die Gussröhren, mein gewünschtes Erscheinungsbild wurde Schritt für Schritt immer sichtbarer. In den nun folgenden Tagen konnte Seo-kyung und Un-seong nichts weiter tun, als darauf warten und vertrauen, dass die Facharbeiter, die Ziseleure und Patineure ihr Handwerk ausführten und das bestmögliche Ergebnis ablieferten. Diese Tage waren für mich nur schwer zu ertragen. Verglichen mit dem zärtlichen Modellieren durch Seo-kyung und Un-seong war das ständige, ohrenbetäubende Hämmern und Schleifen der Metalloberfläche durch die Punzen, die Werkzeuge der Ziseleure eine Tortur. Abschließend trugen die Patineure noch unter Einsatz von Gasbrennern ein Säuregemisch auf die Bronzeoberfläche, womit sie die gewünschte gelbgoldene Farbigkeit erzielten und den Guss zum Abschluss brachten.

Als ich mich schließlich im Ausstellungsraum der Gießerei wiederfand, in einem Raum, der mit Spiegeln ausgekleidet war, neben einer Vielzahl anderer Bronzefiguren, da spürte ich zum ersten Mal Stolz auf die von meinen Eltern geleistete Arbeit. Ich, eine wunderschöne Bronzestatue war ins Leben getreten. Ich würde nun, stellvertretend für hunderttausende junger Frauen und Mädchen einen Platz einnehmen und als Symbol für sie, für diese Opfer solide und fest, ja unverrückbar an einer Stelle stehen. Schon in wenigen Tagen sollte ich wieder vor dem Gebäude der Japanischen Botschaft Aufstellung finden. Wie sehr freute ich mich darauf.

Doch zunächst sollten meine Eltern mich sehen. Und es dauerte nicht lange, da kamen Seo-kyung und Un-seong auf mich zu, zögerlich, als wollten sie mich nicht stören oder erschrecken lenkten sie langsam ihre Schritte zu mir. Schon beim Betreten des Ausstellungsraumes waren ihre Blicke fest auf mich gerichtet und je näher sie kamen, desto mehr füllten sich beider Augen mit Tränen der Freude und der Erleichterung, bis sie schließlich direkt vor mir standen. Sie hielten sich fest an den Händen, blickten abwechselnd zu mir und sich gegenseitig an. Ja, ich bin ihr Werk, sie haben mich erschaffen. Aus technischer und handwerklicher Sicht war ich vollendet, gleichzeitig aber auch unvollendet, weil erst im Anfangsstadium war die Mission; diese Reise sollte nun erst beginnen.

Meine Bestimmung war festgelegt, ich werde in Seoul vor dem Gebäude der Japanischen Botschaft aufgestellt. Doch es sollten noch weitere Geschwister von mir entstehen und diese ihren Weg in die Welt finden. Somit war das, was wir gerade erlebten der Beginn einer langen Geschichte, die von „Anerkennen – Vergeben – Erblühen lassen" handelt und erzählt.

Mein Transport zum Aufstellungsort in der Strasse Yulgok-ro 2-gil kam einer Prozession gleich. Auf einem offenen Anhänger, gehalten von wenigen Zurgurten fuhren mich die Mitarbeiter der Gießerei vom Stadtrand in das Zentrum Seouls. Begleiteten mich auf den ersten Kilometern nur vereinzelte Personen, so folgten doch schon bald mehrere Autos unserem Transport und bildeten einen Korso. Wir wählten den Weg über die breite Anlage der Seong-daero, die direkt auf den Gyeongbokgung-Palast, den ehemaligen Königspalast führt, vorbei am Gwanghwamun, dem großen Haupttor des Palastes, über die Strassen Sajik-ro und die Jong-ro-gil. Am südlichen Ende der Seong-daero wartete bereits eine große Menschenmenge auf uns, sie umschlossen mich und begleiteten mich die restlichen mehrere hundert Meter bis zum Ziel.

Am gegenüber der japanischen Botschaft liegenden Trottoir angekommen trugen mich gefühlt hunderte Koreaner mit reiner Muskelkraft und Gurten von dem Anhänger herunter auf den Asphaltboden des Gehsteigs. Sie platzierten mich unmittelbar gegenüber dem Eingang des ziegelsteinfarbenen Botschaftsgebäudes Japans. Lautes Wehgeschrei der Frauen begleitete die Aufstellung, das durchdringende „Aygo" und die skandierten Rufe nach Menschenrechten, Gerechtigkeit und Anerkennung drangen durch die Hochhausschluchten des Jongno-gu-Bezirks. Gut 2000 Demonstranten hatten sich an diesem Mittwoch versammelt, es war der 14. Dezember 2011, an diesem Tag fand die 1.000ste Mittwochsfriedensdemonstration vor der japanischen Botschaft statt.

Mit meiner Aufstellung hatten die Teilnehmer der Mittwochs-Friedens-Demonstrationen ein neues Symbol mit dem sie ihre Vorstellungen und Forderungen identifizieren konnten. Eine Teilnehmerin, es war wirklich sehr kalt an diesem Tag, setze mir ihre eigene Wollmütze auf den Kopf und legte mir ihren Wollschal um den Hals. Ich war angekommen, meine einzige Aufgabe war es nun, an Ort und Stelle zu verharren und alleine durch meine Präsenz zu wirken:

„Anerkennen – Vergeben – Erblühen lassen."

Ganz so einfach, wie es sich vielleicht anhört,
ist die Durchführung meiner Aufgabe dann doch
nicht. Natürlich bleibe ich dort, bewege mich
nicht von der Stelle. Ich werde vereinnahmt,
beschimpft, geschlagen, liebevoll berührt.
Schuhe liegen wieder und wieder vor meinen
Füssen, Kleidung erhalte ich, zum Schutz gegen
Wind und Wetter, Blumen finde ich in meinen
Händen und um mich herum auf dem Sockel.
Mittwoch für Mittwoch versammeln sich
Demonstranten und rufen unbeirrt ihre
Forderungen in Richtung der Botschaft. Sie
entrollen Spruchbanner, bilden Gruppen, stellen
unzählige Fotos her. Ein mittlerweile zu meinem,
so die offizielle Lesart, Schutz rund um die Uhr
abgestellter Militärpolizist weist Passanten
zurecht, die es wagen, sich zu mir zu setzen. Er
unterbindet den Kontakt. Auf der anderen Seite,
zu meiner Linken haben Aktivisten ein Zelt
errichtet, dessen Größe sechs Personen
ausreichend Platz bietet. Die Deckplane ist
transparent, so können diese freiwilligen Helfer
während ihres täglichen Einsatzes den sie in
mehreren Schichten versehen, bevorstehende
Bedrohungen unmittelbar erkennen und mittels
Mobiltelefone und Internet weiterleiten und, im
Bedarfs- oder gar Notfall, um Hilfe und
Unterstützung bitten. Leider ist dies eine
ebenso wichtige wie absolut notwendige
Vorsichtsmassnahme.

Die ohnehin angespannte Atmosphäre zwischen den
beiden Regierungen von Süd-Korea und Japan
hatten sich in den zurückliegenden Wochen
weiterhin zugespitzt. Japans Premierminister Abe
forderte wiederholt und unverhohlen das Ende

jeglicher Diskussion um das Thema „Trostfrauen";
geschichtsrevisionistisch bestritt er, dass es
jemals Übergriff japanischer Soldaten gegen
koreanische Frauen gegeben habe. Alle jene
Frauen, die während des Zweiten Weltkriegs in
Militärbordellen „gearbeitet" hätten, wären dort
freiwillig tätig gewesen. Weder in Schulbüchern
noch in Geschichtswerken solle von diesem Aspekt
des Krieges berichtet werden. Die Großmütter,
die seit wenigen Jahren ihre Stimme erheben und
von ihrem schweren Schicksal öffentlich
berichten, schreiben wahrlich ein vollständig
anderes Bild.

Mit Beginn meiner Anwesenheit vor der
Japanischen Botschaft verstärkte die koreanische
Militärpolizei seine Präsenz vor dem Gebäude.
Zunächst mit gut zwanzig Soldaten, die als
Wachposten rund um die Uhr patrouillierten.
Später blockierten mehrere Mannschaftsbusse die
Hausfront. Front an Heck standen die Busse mir
gegenüber, die Abgase der permanent laufenden
Motoren lenkten biegsame Rohe von den Auspuffen
in die Kanalisation.

Zwischenzeitlich geschah nicht viel, aber vier
Jahre später, 2015, begannen Spediteure das
Botschaftsgebäude auszuräumen. Der Umzug der
Diplomaten in den angrenzenden Twin Tree Tower
vollzog sich in kürzester Zeit, weitgehend
unbeobachtet von der Öffentlichkeit. Zunächst
stand das Gebäude leer. Ich schaute nun auf eine
hohle Hülle, weitergehend von Soldaten bewacht.
Hatte ich meine Aufgabe erfüllt oder war dies
ein cleverer Schachzug von Japans Diplomaten,
die meine Präsenz ins Leere laufen lassen
wollten? Wenige Wochen später rollten schwere
Maschinen, Bagger und Kräne heran und begannen

mit dem Abriss des 1976 errichteten
Botschaftsgebäudes. Nachdem das Gebäude dem
Erdboden gleich gemacht war, errichten die
Bauarbeiter einen mehrere Meter hohen weissen
Sicht- und Schutzzaun um das Grundstück herum.
Offiziell ersuchte die Japanische Regierung im
selben Jahr mittels eines eingereichten
Bebauungsplanes um die Genehmigung des
Errichtens eines Neubaues. Die Bewilligung
folgte umgehend, bis heute jedoch ist noch kein
weiterer Arbeitsschritt auf dem brach und öde
liegenden Botschaftsgelände vollzogen worden.
Ich schaue also auf Militärbusse, die ein der
japanischen Regierung gehörendes Grundstück
bewachen, das jedoch vollständig ungenutzt
inmitten von Seouls Stadtzentrum liegt. So, wie
das Botschaftsgebäude das Land Japan vertritt,
vertritt nun also die kleine Öde das Land Japan
und dessen Regierung; diese Analogie gefällt mir
sehr.

Im November 2018 kam ein deutscher
Kunsthistoriker zu mir. Es war bereits später
Nachmittag und die Sonne verschwand gerade
hinter dem häuserbesetzen Horizont. Ihn, Martin,
hatte ich schon von weitem wahrgenommen. Seine
Größe und europäisches Aussehen ließen ihn aus
der Masse der heutigen Besucher hervorstechen.
Schließlich traf sein suchender Blick auf mich.
Beide Begleiter von Martin, eine Koreanerin und
ein Koreaner, hatten ihn offensichtlich auf
Umwegen zu mir geführt, denn nur so ließ sich
die sichtbare Erleichterung deuten, als sie
meiner ansichtig wurden. Dass ein Westler, ein
Nicht-Koreaner meine Nähe sucht ist schon etwas
aussergewöhnliches, umso gespannter war ich auf
seine Reaktionen. Mit sehr wachem und
aufmerksamen Blicken musterte Martin die

Umgebung, meine Platzierung und die umherstehenden Passanten. Das große Zelt der Aktivisten schien ihn zu stören, denn seine erste Bemerkung war: „So, wie wir zu Sumi gelaufen sind, war sie ja hinter diesem großen Zelt vollständig versteckt. Kein Wunder, dass wir sie aus der Ferne garnicht sehen konnten!" Er stellte sich an meine linke Seite, beugte sich vor und legte seine Hand auf die meine. Nun blickte er auf der Höhe meiner Augen auf die Polizeiwagen und den weissen Bauzaun. „Das ist ja ein trauriger Anblick. Und überhaupt, warum steht die Statue nicht auf einem angemessenen Podest? So, wie es bei den vielen Skulpturen hier im öffentlichen Raum der Fall ist? Jede Skulptur hat einen Sockel und eine Inschrift weist den Namen des Künstlers, den Titel und das Entstehungsjahr aus; aber bei Sumi ist nichts dergleichen zu finden. Sie sitzt platt auf dem Gehweg, herangerückt an den Bordstein. So, als ob sie abgestellt und vergessen wurde. Und noch schlimmer, …" er hielt einen Moment inne, „… im Deutschen gibt es den Begriff der Bordsteinschwalbe, eine euphemistische Beschreibung von Prostituierten, die im Freien, am Autostrich ihrem Gewerbe nachgehen. Was für eine traurige Koinzidenz." Gerade als er sich auf den Stuhl neben mir setzen wollte, schritt der Wachposten der Polizei ein und hielt ihn zurück. „Das Denkmal darf nicht betreten werden!" war seine klare Anweisung. Für Aussenstehende mag dies eine Schutzvorkehrung sein, für mich jedoch bedeutet dies Zurückweisung von mir zugedachter Anteilnahme. Glücklicherweise genießt der Schutzpolizist an den Mittwochsdemonstrationen keinerlei Achtung und die Anwesenden nehmen neben mir Platz, stehen hinter mir und geben mir Anerkennung und

Zuneigung, was ich sehr genieße. Martin aber musste sich damit abfinden, dass er lediglich hinter mir stehen durfte, oder an meiner Seite. Während seine beiden Begleiter Fotos herstellten und diesen Moment der Begegnung dokumentierten, schaute sich Martin weiter die Umgebung an. Plötzlich lachte er lauthals und wies darauf hin, dass sie, also alle drei bereits heute am Vormittag in unmittelbarer Nähe gewesen seinen. „Schaut doch mal. Ist dort drüben nicht das Café in dem wir heute morgen den Tag begonnen hatten? Natürlich ist es das. Dort steht ja auch diese riesige, farbenfrohe Skulptur eines Großstadt-Hippsters mit seinem Computer in der einen Hand und dem Handy in der anderen. Ich hatte doch von diesem Ding ein Foto gemacht, erinnert ihr euch denn nicht?" Aber ja, beide erinnerten sich und mussten nun auch lachend feststellen, dass sie tatsächlich bereits Stunden zuvor ganz in meiner Nähe waren.

Kopfschüttelnd verließen sie mich, nicht jedoch, ohne sich gebührend von mir zu verabschieden. Sie versprachen, morgen direkt nach dem Frühstück nochmals zu mir zu kommen. Noch in der Ferne, als die drei das erwähnte Café passierten, hörte ich ihr Lachen.

A propos Deutschland. Neben meinen Schwestern, die hier in Süd-Korea in den Städten Suwon, Sokcho und Busan bereits Aufstellungen fanden, ging auch eine meiner Geschwister auf die Reise nach Europa, nach Deutschland und eine weitere gelangte über die USA ebenfalls nach Deutschland. Die Geschichte meiner Schwester „Suri" möchte ich noch gerne teilen, auch wenn ich wohl nicht alle Details mehr erinnern kann. Unsere Familie ist nun doch so weit gewachsen, dass die eine oder andere Erzählung dann doch falsch erinnert oder doch in der Wiedergabe ein wenig verdreht wird; hierfür bitte ich um Nachsicht, nachzulesen sind diese Informationen ja doch in den vielen Veröffentlichungen zu meiner, zu unserer Familiengeschichte.

Die Geschichte meiner anderen Schwester „Rumi" wird dann Martin, der „Künstlerische Leiter des Projekt Mädchenstatue für den Frieden in Deutschland" erzählen.

Meine Schwester „Suri" wurde von einer Gruppe von Bürgern aus der Stadt Suwon gestiftet. Sie wurde als Geschenk an den Bürgermeister der deutschen Partnerstadt Freiburg, anlässlich dessen Besuch in Süd-Korea übergeben. Hocherfreut nahm der GRÜNEN-Politiker dieses Geschenk an und versprach sie in Freiburg aufzustellen. Zurückgekehrt nach Deutschland musste der Bürgermeister jedoch erfahren, welches Wespennest er sich mit der Annahme der Skulptur in seine Heimat gebracht hatte. Sobald in der Öffentlichkeit das Vorhaben bekannt wurde, brach ein Sturm der Entrüstung von Seiten der japanischen Regierung angefacht über den Bürgermeister herein, so dass dieser von seiner Absicht Abstand nahm und die Annahme des Geschenks im Nachhinein zurückwies und ablehnte. „Suri" befand sich zu diesem Zeitpunkt bereits auf dem Weg nach Deutschland. Nun, ihrer Mission beraubt und vakant, fristete meine Schwester alsbald ein tristes Dasein, eingepfercht in einer Holzkiste in der Lagerhalle einer deutschen Spedition.

Erst Monate später kam wieder Bewegung in „Suris" Aufstellungsgespräche in Deutschland.

Eine andere Gruppe aktiver Koreaner aus Berlin hatten den Kontakt zu einem Geschäftsmann im Ruhestand in der Nähe von Regensburg aufgebaut. Dort befindet sich ein beeindruckender Privatpark, ein großes Areal, ursprünglich ein Steinbruch. Der Eigentümer nahm das Geschenk an und stellte für „Suri" einen Platz in seinem weitläufigen Park zur Verfügung.

Der Transport von Freiburg nach Regensburg verlief ohne Komplikationen, zumal keine dritten Personen, jene also die sich nicht unmittelbar mit dem Projekt in Kontakt befanden, informiert waren. Die Öffentlichkeit und damit auch die Presse wurde nur in Süd-Korea über die Kanäle der Social Media sekundengenau auf dem Laufenden gehalten. Dort angekommen, konnte „Suri" endlich ihren Holzverschlag verlassen, auf den Auslegern eines Gabelstaplers legte sie die wenigen hundert Meter zu ihrem neuen Bestimmungsort zurück. Und dann hatte sie ihren Platz eingenommen, auf einem kleinen Hügel mit dem Blick nach Südwesten.

Zur offiziellen Einweihung am 8. März pilgerten wohl zweihundert Menschen in einer langen Prozession den gewundenen Wegen folgend durch den Park zum Aufstellungsplatz der „Mädchenstatue". Die meisten waren aus Korea und dort aus der Stadt Suwon angereist. Es folgten mehrere Ansprachen in koreanischer Sprache, auch war eine Musikergruppe eigens angereist, eine Pungmul-Tanz- und Musikgruppe. Der Ehrengast aber war Großmutter Ahn Jeon-soon. Sie, mittlerweile im 91sten Lebensjahre, hatte die Strapazen der weiten Reise nicht gescheut und wertete die ohnehin schon bedeutungsvolle Zeremonie noch mit ihrer Anwesenheit weiter auf.

Ihrem Alter geschuldet und so treffend in der symbolischen Art, nahm sie Platz auf dem leeren Stuhl der Bronze. So saßen Großmutter Ahn und „Suri" nebeneinander. Sie, die Großmutter, das Opfer im betagten Alter, stellvertretend für alle jene, die vom japanischen Militär geraubt, gefoltert und mißhandelt wurden und „Suri", das Mädchen, bronzenes Symbol für Unrecht, Vergebung und gemeinsames Aufblühen. Die Musikergruppe führte neben volkstümlichen Tänzen und Gesang auch eine schamanische Einweihungszeremonie durch. Auch Martin war an diesem Festtag als Redner eingeladen, sein kurzgehaltener Beitrag wurde mit höflichem Beifall wahrgenommen. Geschuldet dem wirklich kaltem Märzwetter endete der offizielle Festakt vor Ort und im Freien bereits nach gut einer Stunde. Im Festsaal eines nahe Regensburg gelegenen Schlosses fand man sich am Abend nochmals zusammen und ein Reigen musikalischer Darbietungen und Danksagungen füllten die folgenden Stunden.

Die Stimmung schien gelöst und scheinbar waren die Akteure auch zufrieden, doch dies war nur der äußere Schein. Zwischen den Initiatoren und dem Eigentümer des Privatparks, Herrn H., war ein Streit entstanden, der die beiden Texttafeln betraf, die – auch nach meiner Lesart – unumstösslich zum Denkmal dazu gehörten und dazu gehören. Die Tafeln trugen, einmal in koreanischer Sprache, einmal in deutscher Sprache Informationen zur Geschichte und Aufstellung der Bronze. Darin wurde eindeutig das Militär Japans als Täter und die Frauen des Asia-Pazifik-Raumes, hunderttausende, als Opfer genannt. Doch offensichtlich wurde Herr H. von Seiten der japanischen Regierung gedrängt, die Skulptur nicht aufzustellen; sollte er sie

aufstellen, dann aber ohne die Hinweistafeln.
Herr H., der aus eigenen Mitteln diesen
stillgelegten Steinbruch erworben und mit
Pflanzen und kunsthandwerklichen Objekten und
Gebäuden aus der Region Himalaja und Nepal
ausgestattet hatte, war es daran gelegen, einen
Park zu erschaffen, der Schönes in sich vereint,
der Harmonie transportiert. Mit der Skulptur
„Mädchenstatue" hatte er sich nun einen
Reibungspunkt in den eigenen Park eingeladen.
Ein Taschenspielertrick, nämlich die Tafeln
nicht anzubringen, sollte nach der Lesart des
Parkeigentümers die japanische Seite befrieden,
jedoch trieb dieses nicht mit allen Seiten und
Beteiligten abgestimmte Vorgehen eine Spaltung
in die koreanische Stiftergemeinde. Sie brachte
Spannung zwischen die, die die Tafeln
befürworteten und jene, die auf die Tafeln
verzichten konnten. Diese Verwerfung wogte also
bereits im Schlosssaal, wovon Aussenstehende
allerdings nichts mitbekamen. Dennoch, die
„Mädchenstatue für den Frieden" ohne den
direkten Hinweis auf die Geschichte und die
Umstände der Entstehung verkommt zu einer rein
volkstümlichen Bronzegruppe, deren tiefere
Bedeutung sich den Betrachtern beim bloßen
Anschauen nicht erschließen kann. Die gesamte
Dramatik und das abscheuliche Elend auf das in
der Manifestation als Statue, die so unschuldig
daherkommt, verweist, muss in unmittelbarer Nähe
in Textform Erwähnung finden, so, wie es in Süd-
Korea üblich ist.

Seit der ehrenvollen Einweihung steht „Suri –
Die Mädchenstatue für den Frieden" in dem
Privatpark als zweckfreier Teil ohne Hinweise
auf Ursprung und Zielsetzung. In einem Gespräch
hörte ich, dass der Eigentümer des Parks „Suri"

zwischenzeitlich sogar als „Kriegsmädchen"
bezeichnete. Auch äußerte er sich dahingehend,
dass sofern ein anderer Ort der öffentlichen
Aufstellung in einer deutschen Stadt oder
Gemeinde gefunden werden sollte, die Skulptur
unverzüglich dorthin abtransportiert werden
könne.


Teil II

„Rumi" (die dritte) gelangt von den USA nach
Deutschland – aus Martins Sicht

Bonn

Die Ausstellungsvorbereitungen für die Solo-Show
von Angelina Androvic Gradisnik im Frauenmuseum
in Bonn waren abgeschlossen, die Pressekonferenz
gerade beendet, als Frau Y., wie verabredet im
Eingangsbereich des Museums auf mich und die
Leiterin des Museums, Frau Marianne Pitzen,
wartend eintraf. Mit Frau Y. oder Nuna, also
„ältere Schwester" wie ich sie nenne – bezogen
auf unsere Geburt trennen uns gerade einmal 2
Monate, aber, nach koreanischer Sitte gebührt
ihr diese Bezeichnung – mit Nuna war ich ja
schon eine längere Zeit zum Thema „Trostfrauen",
so der Euphemismus dieser sexuellen
Gewaltverbrechen von Soldaten gegenüber jungen
Frauen und Mädchen, unterwegs. Doch wollte mir
partout nichts einfallen, was zur Realisierung
des Projektes, dem permanenten Aufstellen der
Bronzegruppe „Mädchenstatue für den Frieden"
förderlich sein sollte. Schließlich aber, beim
Aufbau der Ausstellung im Frauenmuseum, fiel bei
mir der sprichwörtliche Groschen. Wo, wenn nicht

in dem Frauenmuseum das als erste dieser
Institutionen vor 35 Jahren von Frau Pitzen in
der ehemaligen Bundeshauptstadt gegründet wurde?
Exakt hierher gehörte die Statue! Also schlug
ich ein Treffen von Frau Y. mit Frau Pitzen vor.
Und heute trafen sie sich im Foyer der Museums.
Da ich noch mit Teilen der Organisation für die
Einzelausstellung von Frau Gradisnik beschäftigt
war, ließ ich beide im Foyer allein. Nuna wußte,
was sie wollte und Frau Pitzen, so wie ich sie
kennenlernen durfte in den zurückliegenden zwei
Jahren, war offen für Neues, vor allem, wenn es
zu ihrem Museumsauftrag passte und sie sich mit
einem wichtigen und streitbaren Thema in der
Öffentlichkeit zeigen konnte. So durfte ich nach
gut einer Stunde zwei Menschen im Foyer wieder
vorfinden, die offensichtlich einen gemeinsamen
Nenner gefunden hatten. Tatsächlich war der
Tenor gefunden worden: „Ja, wir machen das! Wir
stellen die Mädchenstatue hier vor dem Museum
aus!" Sogleich gingen wir die wenigen Schritte
zum Innenhof, dem Parkplatzbereich des Museums
und Frau Pitzen deutete eine Ecke für die
künftige Platzierung der Skulptur aus; von der
Strasse kommend, auf der rechten Seite des
Parkplatzes, gleich vor der Hauswand. Ein
würdiger Platz, so fanden Frau Y. und ich, wir
konnten den Vorschlag nur bekräftigen. Dies war
also der Grundstein für das Engagement des
Vereins Punggyeong Weltkulturen e.V. die
„Mädchenstatue" als Dauerleihgabe im Bonner
Frauenmuseum aufzustellen. Und, es hätte so gut
werden können, jedoch, um es kurz zu fassen, das
Vorhaben scheiterte kläglich. Zeitigte aber, wie
Phönix aus der Asche, den Beginn der
Präsentation der Mädchenstatue in Deutschland.
Doch dazu später mehr.

In den kommenden Monaten plante der Vorstand von Punggyeong Weltkulturen die logistischen und vertraglichen Aspekte für die Aufstellung der Skulptur. Bis zu der avisierten Aufstellung am 14. März 2018 in Bonn war noch viel Zeit, dennoch galt es zeitnah , einen Dauerleihvertrag aufzusetzen, Handwerker für die Fundamentlegung zu finden und einen Spediteur, der nicht nur die Ladung transportierte sondern auch beim Abladen und Aufbau mit Hand anlegte. Immer wieder trat Nuna mit Frau Pitzen in Kontakt, telefonisch, per eMail und auch persönlich fuhr sie von Frankfurt nach Bonn, um über unsere aktuellen Bemühungen zu informieren und um den Stand in Bonn zu hören. Doch leider wuchs die Enttäuschung auf unserer Seite Monat für Monat. Um Finanzmittel für die Realisierung des Projektes einzuwerben, hatte Frau Pitzen auch den Kulturdezernenten der Stadt Bonn um Unterstützung gebeten. Doch dieser Kontakt wirkte sich fatal auf das Projekt aus. Inmitten der Vorbereitungen ließ der Kulturdezernent Frau Pitzen wissen, dass es eine massive Intervention von Seiten des japanischen Generalkonsulates in Bonn bei ihm und seiner Behörde gegeben habe. Das Ziel dieser Intervention war die eindeutige Forderung von japanischer Seite, die Aufstellung der „Mädchenstatue für den Frieden" in Bonn, vor dem Frauenmuseum zu unterbinden. Die eMails, Briefe oder Protokolle der Telefonate wurden mir leider nie vorgelegt, nur schemenhaft erfuhr ich von „Schwierigkeiten", die schließlich in ein vollständiges Verändern der ursprünglichen Idee mündete.

Was genau sich in Bonn abspielte, wer und in welcher Form intervenierte, wer wen besuchte und

Forderungen stellte, wurde nicht weitergegeben. Es verzögerte aber die gesamte Planung und vor allem, der zur Unterschrift fertige Vertrag der im Büro von Frau Pitzen lag, wurde nicht gegengezeichnet. Stattdessen erhielten wir auf die an das Frauenmuseum gerichteten Fragen und eMails keine Antwort. Monate später teilte mir eine japanischen Journalistin mit, dass über 300 eMails und Briefe von japanischen Bürgern in Japan und in Deutschland wohnhaft an den Kulturreferenten der Stadt Bonn und an Frau Pitzen gesandt wurden, alle mit der Forderung, die Aufstellung Mädchenstatue zu unterbinden. Die Inhalte der eMails und Briefe wurde mir ebenfalls nicht zugänglich gemacht.

Da der Zeitpunkt der geplanten Aufstellung nun langsam aber deutlich näher kam, entwickelte Frau Y. die Idee eines Begleitprogramms. Eine Ausstellung mit Handzeichnungen und Tagebucheintragungen eines von den japanischen Besatzern geraubten philippinischen Mädchens sollte als Einzelausstellung über mehrere Wochen auf die Thematik der Sexsklaverei im Zweiten Weltkrieg aufmerksam machen und als Diskussionsgrundlage für ein Symposium dienen, das am 11. Juli 2018 in den Räumen des Frauenmuseums stattfinden sollte. Als Rednerinnen konnten Griselda Molemans (Journalistin, Holland), Mina Watanabe (Direktorin des „Comfort Women"-Museums, Tokyo, Japan) und Phyllis Kim (Direktorin, Korean American Forum of California, LA, USA) gewonnen werden. Drei Frauen, die sich bereits mit ihrem Tun und Forschungen zur Frage der Sexsklaverei international einen Namen gemacht hatten.

Die Skulptur, die dem Verein Punggyeong Weltkulturen als Geschenk zur Aufstellung in Deutschland zur Verfügung gestellt wurde, lagerte seit mehreren Jahren ungenutzt in Kisten verpackt in den Hallen einer Speditionsfirma in Los Angeles, USA. Jahre zuvor war die Statue dort in Glendale (Großraum Los Angeles) angekommen und sollte einen Platz im öffentlichen Raum der Stadt finden. Doch auch hier intervenierte die japanische Regierung und stürzte die Organisatoren, die KAFC und ihre Direktorin Phyllis Kim in einen Rechtsstreit, der sich über mehrere Jahre hinzog. Das Ergebnis dieses nutzlosen Streites war die Einstellung des Verfahrens, jedoch wurden Zeit, Geld und Nerven sinnlos vergeudet. Vor Gericht hatten die koreanisch-amerikanischen Initiatoren gewonnen, jedoch war abzusehen, dass von Seiten der japanischen Regierung erneut ein Rechtsstreit vom Zaun gebrochen werden würde, sobald der nächste Anlauf genommen würde, die „Mädchenstatue" in Glendale aufzustellen. Deshalb übereignete Phyllis Kim in ihrer Eigenschaft als Direktorin des KAFC dem deutschen Verein Punggyeong Weltkulturen e.V. diese Version der „Mädchenstatue". Die Skulptur musste lediglich nach Europa transportiert werden. An einem Punkt unserer Planung für Bonn mussten wir uns dazu entschließen, die Fracht auf den Weg zu bringen. Der Transport via Schiffsroute von Los Angeles nach Deutschland dauerte geschätzte drei Wochen. Je näher der unbestätigte Termin der geplanten Aufstellung in Bonn, der 14. August 2018, rückte, desto enger wurde der Zeitplan. Schließlich mussten wir uns entscheiden und forderten die Kisten an, das heißt wir gaben das „Go!" für den Transport. Dabei stellten wir uns eine Ladung und Löschung der Fracht an einem der großen europäischen Häfen mit Anbindung an der Rhein vor, also Rotterdam oder Amsterdam, so dass die „Mädchenstatue" über den Rhein nach Bonn weiterverschifft würde und so, auf dem Wasserweg bis zum Ziel- und Bestimmungsort reisen würde. Anfang Juni stach das Containerschiff von Los Angeles aus in See, drei von hunderttausenden von Kisten beherbergten die Einzelteile der „Mädchenstatue". Diese Version der Skulptur wurde in neun Einzelteilen hergestellt, gelagert und geliefert: sechs Granittafeln für den Sockel, mit Inschriftentafel und dem Schatten-Mosaik, je zwei leere Bronzestühle und die Bronzefigur des Mädchens. In dieser Form wurde die Skulptur von Seoul über den Ozean an die amerikanische Westküste und nun von L.A. nach Deutschland geliefert.

Und während die „Mädchenstatue" auf dem Ozean und dann auf dem Atlantik unterwegs war, veränderten sich die Vorzeichen in Bonn. Der Aufstellungstermin wurde durch die zurückhaltende Position von Frau Pitzen mehr und mehr in Frage gestellt. Wir aber hatten das Okay für den Transport gegeben, die Statue war auf dem Weg, einen sicheren Aufstellungsort für die Statue gab es jedoch nicht mehr.

Und dann machte das Frauenmuseum Nägel mit Köpfen. Der Verein wurde darüber informiert, dass die Idee der Aufstellung einer Bronzeskulptur zur Erinnerung und Mahnung zum Thema „Sexsklaverei in Kriegszeiten" nun mit einer gänzlich anderen Ausrichtung umgesetzt werden würde. Ein Sponsor sei gefunden worden, eine Bronzegießerei im Umfeld Bonns, zur Realisierung einer neu zu schaffenden Skulptur

und ein Wettbewerb werde ausgeschrieben, zu dem
Modelle eingereicht werden sollten. Auch unser
Künstlerehepaar dürfe sich bei dem Wettbewerb um
die Realisierung beteiligen. Damit endeten
unsere Bemühungen um die Aufstellung der
Mädchenstatue in Bonn vor dem Frauenmuseum; es
wäre ein würdiger und trefflicher Platz gewesen.

In diesem Moment beschloß ich, reagierend auf
Nunas drängendes Nachfragen, was denn nun
geschehen solle, meinen Freund Axel Richter,
Bildhauer und Künstlerischer Leiter des Hauses
am Schüberg in Ammersbek (nahe Hamburg)
anzurufen. Ein neues Kapitel wurde damit
aufgeschlagen.


Hamburg

Axel Richter und mich verbindet eine über Jahre
gewachsene Freundschaft. Sie begann 2006 als ich
kurzzeitig für den japanischen, in Deutschland/
Frankfurt lebenden Maler N. als Interimsmanager
einsprang, dabei jedoch feststellen musste, dass
dieser ältere Herr, der der deutschen Sprache
nicht mächtig war und daher immer mit einem
Übersetzer zu unseren Treffen kam, mit ganz
eigenen Vorstellung von Machbarem und
Nichtmachbarem in Bezug auf den bundesdeutschen
Kunstmarkt in seiner eigenen Welt lebte. Axel
Richter hatte für N. die Ausstellung seines bis
dato „Opus Magnus" organisiert, die Präsentation
eines fünfunddreißig Meter langen Gemäldes mit
dem Titel: „Der Rhein". Es sollte in keinem
kleineren oder schlechteren Ort als dem Dom zu
Ratzeburg gezeigt werden. Doch letztendlich
konnte der Künstler das Gemälde nicht zum

vereinbarten Abholungstermin fertigstellen. Gleichzeitig war es ihm nicht möglich, sein Scheitern einzugestehen, er tauchte ab, es gab keine Kommunikation zwischen ihm und Axel Richter. Ich selbst war zu diesem Zeitpunkt nur unzureichend informiert, da ich Herrn N. erst kurz zuvor hatte kennenlernen dürfen und schließlich hatte ich Herrn Richter am Telefon, der mich fragte: „Was ist denn da eigentlich in Frankfurt los? Wo ist der Künstler? Wann kann ich das Werk abholen? Ich sitze hier auf heißen Kohlen!" Kurz gehalten: Da Herr N. nicht mehr zu erreichen war, wurde die Präsentation abgesagt. Axel Richter und ich vereinbarten aber, dass wir uns bei meinem nächsten Besuch in Hamburg einfach einmal zusammensetzen wollten, um die ganze Sache nochmals in Ruhe durchzusprechen, uns dabei auch kennenlernen sollten. Dies geschah dann auch wenige Monate später. Mit der Folge, dass wir bis heute immer wieder erfolgreich zusammenarbeiten. Zum Beispiel bei dem Symposium „Peace of Art", in welchem Künstler aus Ägypten, Palästina, Israel und Deutschland mehrere Tage gemeinsam im Kunsthaus am Schüberg in Ammersbek nahe Hamburg zusammenlebten und Kunstwerke schufen, oder in der Jury des KunstHauses am Schüberg, bei den vielen Ausstellungseröffnungen im KunstHaus und in den beiden Stadtkirchen Hamburgs, St. Petri und St. Jakobi. Und nun kam das nächste Projekt auf uns zu: Die „Mädchenstatue für den Frieden" – Pyeonghwaui.

„Und Du bist dir sicher, dass das klappen wird?" fragte ich ungläubig Axel Richter am Telefon. Aber er bejahte und schilderte mir seine Vision. In wenigen Wochen würde eine Kunstaktion in Hamburg-Altona starten, die zum Thema: „Dorothee

Sölle und das politische Nachtgebet" mehrere Redner vereinen würde, die während der Abendstunden vor dem nach Dorothee Sölle benannten Haus der Evangelischen Akademie ihren ganz persönlichen Eindrücke und Botschaften vor Publikum aussprechen sollen. An drei Abenden hintereinander Anfang August 2018 sollte dies geschehen, verbunden und vereint mit einer Kunstaktion von Nikola Dicke. Für diese Aktion war es vorgesehen, dass die Künstlerin mit luxstarken Tageslichtprojektoren (Gerätschaften, die wir noch aus unserer Schulzeit her kennen) Zeichnungen, die in Mehrschicht- Schabtechnik während der Reden entstanden, auf die Hausfassade des Dorothee-Sölle-Hauses projizierte, sie nannte diese Technik: Lichtgraffiti. Zu den Tageslichtprojektoren stellte Nikola Dicke einen Beamer, der einen vorgefertigten Videoclip in Dauerschleife abspielte. Das grundliegende Thema war „Kapitalismuskritik", „Stoppt den Irrsinn des Rüstungsexportes", „Einer frisst den Anderen" und auch die „Mädchenstatue fand einen Platz" in diesem Clip.

Bevor jedoch diese drei Abendveranstaltungen stattfinden sollten, könnte man, so Axel Richter, im Foyer des Sölle-Hauses die Mädchenstatue aufstellen. Das würde zum Thema passen, zumal er gerade mit dem Frauenwerk der Nordkirche und dort mit Frau Frau T. in Kontakt sei. Man müsse nur noch die Modalitäten klären, auch, wie lange die Skulptur dort stehen könne, aber das sähe alles ganz gut aus.

Wenige Tage später kam dann das Okay aus dem Frauenwerk Altona und Axel fragte mich nach dem aktuellen Standort der Skulptur. Bisher hatte ich den Frachtbrief noch nicht eingesehen und mich auch wenig um den Transportweg der Bronzegruppe gekümmert, zu tief saß noch die Enttäuschung über die indirekte Absage aus Bonn, die als ein „Ich äußere mich nicht und warte einfach ab" manifest wurde und zu gering war die Hoffnung auf ein baldiges Weiterführen der Aktion. Als ich aber nun auf den Frachtbrief schaute, musste ich lachen, der Landungshafen war Hamburg. Gezielt war also die „Mädchenstatue" bereits von L.A. aus nach Hamburg versandt worden, eine zu schöne Koinszidenz. Dann sollte es genau so sein. Wir beschlossen, das nicht Zustandekommen der Leihgabe in Bonn als Faktum anzusehen und der „Mädchenstatue" zunächst einmal ein Asyl in Hamburg zu verschaffen.

Wiederum nur wenige Tage später, am 13. August, konnten Axel und ich die Statue im Foyer des Dorothee- Sölle-Hauses aufstellen. Sie passte, und das nicht nur in unserer beider Meinung, hervorragend in dieses Foyer mit Besucherempfangsbereich. Gleichzeitig begrüßte sie täglich die vielen hundert Besucher und die Mitarbeiter des Hauses und besetzte dennoch den Platz für sich und ihre tiefgehende Botschaft: Gleichberechtigung von Mann und Frau, keine sexuellen Übergriffe gegen Frauen, ein Nein ist ein Nein und #metoo.

Am Tag der Eröffnung lud der koreanische Vizegeneralkonsul Kim die Beteiligten zu einem Mittagessen in ein gehobenes Hotelrestaurant der Stadt ein. Das Künstlerehepaar war eigens eingeflogen, auch eine Delegation mit Herrn Pfarrer Lee aus der koreanischen Stadt Suwon. Am späten Nachmittag fand die Vernissage mit kurzen Ansprachen und Danksagungen an alle Unterstützer und Helfer statt, der koreanische Vizegeneralkonsul war zugegen.

Am Abend, unmittelbar nach den Eröffnungsworten, stürzte eine ältere deutsche Frau auf mich zu und beschimpfte mich aufs Heftigste. „Wie können Sie es wagen…" begann sie eine Triade. Da gleichzeitig ein sehr bewegter Herr das Gespräch mit mir suchte, wandte ich mich von der Dame einfach ab und gab dem Herrn zu verstehen, dass ich ihm zuhören werde. Er begann auch sogleich: „Herr Doktor ! Sie sind der Künstlerische Leiter dieses Projektes?" „Ja." „Dann muss ich Ihnen etwas mitteilen, und zwar meine Eindrücke zu diesem Mahnmal. Sie sehen ja, ich bin, wie Sie, ein Mann. Und ich muss Ihnen sagen ... ich kann mich dieser Statue nicht nähern. Zu stark schwingen meine eigenen schlimmen Erfahrungen in mir, beim Anblick dieses jungen Mädchens. In meiner Kindheit war auch ich Opfer von Übergriffen und offensichtlich habe ich dieses alte Thema noch immer nicht verarbeitet und aufgelöst. Meine Frau machte mich auf diesen heutigen Event aufmerksam und ich bin ganz blauäugig mitgegangen. Und nun, sehen Sie mich an. Ich stehe hier im Foyer des Dorothee-Sölle-Hauses, so weit entfernt von der Statue, wie es nur möglich ist und doch so nah, dass ich sie gerade noch sehen kann. Und innerlich? Innerlich zittere ich." „Es ist bemerkenswert und spricht für Sie, dass Sie sich dieser Erfahrung stellen. Eine andere Dame sagte mir gerade vor wenigen Minuten annähernd das Gleiche. Auch sie musste in ihrer Jugend sexuelle Übergriffe ertragen und kann die Skulptur aus der Ferne anschauen, sich

ihr aber nicht wirklich nähern. Und doch, sie
sagte: Bei einem zweiten Besuch, wenn sie
alleine mit der Skulptur hier im Foyer ist, dann
wird sie sich ihr nähern und auch sicher einmal
auf dem leeren Stuhl Platz nehmen. Vielleicht
ist das auch für Sie ein Ansatz."

Axel Richter und ich hatten in Abstimmung mit
dem Vorstand des Vereins Punggyeong und dem
Frauenreferat der Evangelischen Kirche eine
kurze Pressemitteilung verfasst, die auch, einen
Tag vor der Eröffnung und Einweihung der
„Mädchenstatue" zu Informationszwecken an das
japanische Generalkonsulat versandt wurde.
Wissend, dass die „Mädchenstatue" für die
japanische Regierung ein Rotes Tuch war, wollten
wir unser Ausstellungsprojekt mit größter
Transparenz durchführen. Die nun folgenden
Aktionen von Seiten des japanischen
Generalkonsulates und die Reaktion von uns
ließen uns über Wochen nicht zur Ruhe kommen.
Hierbei wurde von japanischer Seite rundweg
gefordert, die Präsentation der „Mädchenstatue"
sofort zu stoppen, die Statue unverzüglich
abzubauen und keine Diskussion zu diesem Thema,
also der Sexsklaverei im Zweiten Weltkrieg zu
initiieren. Diese Forderungen, die nun auch an
die obersten Verantwortlichen der Evangelische
Nordkirche herangetragen wurde, schreckten
einige Geistliche und Würdenträger auf.
Glücklicherweise erkannten aber wichtige
Personen im Kreise des Oberkirchenrates, dass es
sich bei unserer Aktion um eine friedliche,
nicht-provokative und nicht schuldzuweisende
Auf- und Ausstellung handelte. Ausserdem habe
die evangelische Kirche einen Ersuchen und
Erwartungen von japanischer Regierungsseite
nicht zu folgen, immerhin finde die Präsentation

in den eigenen Räumen der Kirche statt. Somit erhielten wir Seitenschutz von den Oberen der Kirchenverwaltungsebene und konnten die Ausstellung weiter laufen lassen. Doch das japanische Generalkonsulat ließ nicht locker, schließlich lud die Generalkonsulin Frau Maruyama zu einem Gespräch im Generalkonsulat in Hamburgs Innenstadt ein. Ein Besuch in einer fremdländischen Botschaft oder einem Konsulat bedeutet, den Geltungsbereich des deutschen Grundgesetzes zu verlassen. In der Regel gibt man im Eingangsbereich das Mobilphone ab. Es kann sogar sein, dass der Personalausweis für die Zeit des Besuches eingezogen wird. Eine vollständige Videoüberwachung und das Aufzeichnen aller Gespräche ist häufig der Standard. Damit begibt man sich schutzlos in die Hände des „Gastgebers". Wir beschlossen, der Einladung nicht zu folgen, schlugen den Termin und den Ort ab, unterbreiteten aber unsere Bereitschaft zu einem Gesprächstermin an einem öffentlichen Ort, zum Beispiel im Café des Hotels Vier Jahreszeiten. Zu diesem Treffen kam es dann auch, wobei Axel Richter und ich, die beiden Künstlerischen Leiter als Gesprächspartner ausgeschlossen wurden, die Generalkonsulin wollte nur mit Frauen, nicht mit Männern sprechen. So erschienen zum kurzen Vormittagsgespräch die Leiterin des Frauenwerks Hamburg, die eigens aus Lübeck angereist war und Frau T.. Axel und ich warteten im benachbarten Bistrocafé des Hotels, sozusagen in hörbarer Nähe, für den Fall der Fälle gewappnet. Nach einer Viertelstunde war der Spuk vorbei, wir beide wurden kurz danach unterrichtet, dass die Generalkonsulin zunächst mit Smalltalk einleitete, dann aber zu den für sie wichtigen Punkten überleitete: Stopp der Ausstellung,

Abbau der Statue, keine Diskussion über das Thema der Sexsklaverei. Danach verließ sie das Hotel. De facto hatte dieses „Gespräch" keine neuen Erkenntnisse gebracht, keine neuen Impulse gegeben und auch keine neuen Handlungsstrategien evoziert.

Für uns stand fest, wir lassen die „Mädchenstatue" bis zum angesetzten Ende der geplanten Ausstellung im Foyer des Dorothee-Sölle-Hauses stehen und müssen und werden nichts verändern.

Am Mittag vor dem ersten Abend der Aktion: „Dorothee Sölle – Politisches Abendgebet" hatten Axel und ich, als wir gemeinsam nach Altona fuhren, die Idee, einen kurzen Videoclip von einem mit Axel befreundeten Kameramann und Hochschuldozenten für Film und Fernsehen herstellen zu lassen. Eigentlich sollte er „nur" die „Sölle-Abende" dokumentieren, aber da er doch gerade anwesend und auch noch freie Zeit bis zum ersten Einsatz war, so dachten wir, da könnte er doch einfach die Kamera auf die Statue halten und ich erzähle ein wenig zu dem Projekt. Gesagt getan. Aus dem Stehgreif entstand ein siebenminütiger Clip, der kurz nach dem Dreh auf einem Youtube-Kanal veröffentlicht wurde. Innerhalb von drei Wochen hatte dieser kurze Clip 14.400 Aufrufe! Wie wir im Nachhinein erfuhren, war es die koreanische Community, die hier für die kleine Aufruf-Sensation sorgte.

Nach sechs Wochen bauten wir die Skulptur wieder ab und verbrachten sie in ein sicheres Aussenlager. Mit Ablauf der Ausstellung nahmen wir auch den Clip wieder aus dem Netz. Ohne größeren Lärm, ohne Anstoß in der

Öffentlichkeit zu erregen, hatten wir in Deutschland, im Altonaer Dorothee-Sölle-Haus die „Mädchenstatue für den Frieden" tausenden von Besuchern präsentieren können. Die Reaktionen derjenigen, die die Skulptur wahrnahmen war durchgehend positiv, Diskussionen wurden angeregt, persönliche Wirkungs- und Wachstumsschritte initiiert. Auch die oberste Führungsebene der evangelischen Kirche, Oberkirchenräte und die Bischöfin waren informiert und bezogen hausintern Stellung, mündlich oder schriftlich. Mit der Aufstellung der „Mädchenstatue" im Dorothee-Sölle-Haus in Hamburg- Altona hatten alle unterstützend Beteiligten eine positive Grundlage geschaffen für weitere Präsentationen der Skulptur in Deutschland. Die zeitgleich aufbrechende Diskussion um Missbrauch in der Kirche zeigte zudem, wie aktuell die von uns gewählte Thematik am Beispiel der „Mädchenstatue" war.

Dennoch muss auf die Taktik der kleinen Nadelstiche direkter und indirekter Vertreter der japanischen Regierung hingewiesen werden. Unerwartet und unangemeldet, aber immer mit Dringlichkeit, tauchten wiederholt Personen am Ort der Aufstellung auf. Vor der Hand suchten sie Austausch und Gespräch, letztendlich aber war die Zielsetzung, das Projekt der Aufstellung und der Präsentation der „Mädchenstatue" im Sinne der geschichtsrevisionistischen Sichtweise Japans zu beeinflussen, zu behindern und mit dem klaren Ziel verbunden, die weitere Aufstellung zu verhindern. Um die expliziten Ziele der japanischen Regierung zu erreichen – Totschweigen des Themas, Missachtung der Opfer, Abwiegeln jedweder Verantwortung – wurden in Hamburg, genauso wie zuvor in Bonn, viele

Menschen darauf angesetzt, Kontakte zu
Beteiligten des Projektes zu suchen, diese in
lange Gespräche zu verwickeln oder lange eMails
und Briefe zu schreiben und zu versenden und
dabei die Meinungen der Angesprochenen in
Richtung des Denkens der japanischen Regierung
zu manipulieren. Oftmals wurden nur am Rande
beteiligte Personen kontaktiert und in Form des
„Whatsabout-ism" inhaltliche Scheinverbindungen
und nicht vorhandene Zusammenhänge aufgezeigt,
die sich bei näherer Betrachtung als obsolet und
vollständig konstruiert herausstellten, im
Moment des persönlichen Gesprächs sich aber
irgendwie folgerichtig anfühlten, sodass von den
Angesprochenen nicht unmittelbar Widerspruch
erfolgen konnte. Oft mündeten diese Gespräche in
die scheinbar so nebensächlichen Fragen: „Wissen
Sie, wo sich die Skulptur jetzt befindet?",
„Wissen Sie, was die nächsten Schritte sind?"
oder: „Wem eigentlich gehört diese Statue?"

Korea

D., koreanischer Geschäftsmann für Kosmetika in
Deutschland, Vorstandsmitglied im Punggyeong
Weltkulturen e.V. und dort einer der aktivsten
Mitglieder und Nuna holten mich vor meiner
Haustüre ab. Die Fahrt zum Flughafen von
Frankfurt verlief ohne Unterbrechungen. Nach
einem kurzen Stopp in einem der
Flughafenrestaurants konnten wir einchecken,
ließen die Sicherheitskontrolle über uns ergehen
und warteten nur kurz auf das Boarding. Der Flug
mit einem A380 der ASIANA Airline gestaltete
sich bequem und kurzweilig, obwohl wir Economy
gebucht hatten. Nach gut elf Flugstunden
landeten wir nahezu pünktlich auf dem
internationalen Drehkreuzflughafen Inchon.

Wir wurden von Pfarrer Lee und einer Studienfreundin Nuna´s abgeholt. Neugierig nahm ich alle sich mir bietenden Eindrücke auf. Zunächst der moderne Flughafen, den ich zuletzt 2003, kurz nach seiner Eröffnung, betreten hatte. Die Begegnung mit Nuna´s Freundin war besonders lustig, sie schaute mich wieder und wieder ungläubig an, wandte zwischendurch ihren Kopf ab und murmelte: „So young, so young". Die nun folgende gut einstündige Autofahrt nach Suwon verging wie im Flug. Zunächst über die gut dreißig Kilometer lange Brücke, die die Insel Yeongjongdo mit dem Festland verbindet. Dann die Autobahn nach Suwon, vorbei an einer Unzahl von Appartmenthochhäusern.

Unser erster Stopp galt dem Mittagessen, auf einer vor der Stadt liegenden Sportanlage durfte ich meine erste traditionell-koreanische Mahlzeit einnehmen. Das war der Start einer schier endlosen Reihe von vorzüglichen Restaurantbesuchen. Die koreanische Küche ist nach meinem Empfinden so variationsreich und geschmacklich so delikat, dass es mir nicht schwer fiel jedes Mahl, sei es in einem exquisiten oder in einem bäuerlich einfachen Restaurant zu genießen. Und das sehr zur Freude meiner Gastgeber. An dieser Stelle war ich sehr einfach zu befriedigen, ich hatte – entgegen meiner vegetarischen Lebensweise zu Hause – die Devise ausgegeben: „Ich esse Alles, abgesehen von Hundefleisch!" Auf meinen früheren Koreabesuchen wurde ich von den Verwandten meiner ersten Frau Helena wiederholt auf Restaurant hingewiesen worden, deren Spezialität Hundefleisch war. Und, wie das so unter Familienangehörigen üblich ist, versuchten sie mich auch in ein solches Restaurant zu entführen. Da ich jedoch ein wenig die koreanische Sprache verstehe und auch einige Worte lesen kann, konnte ich mich jedesmal vor solchen Besuchen schützen; so auch diesmal.

Nuna, die die gesamte Reise geplant hatte, hatte als erstes Hotel das Vella Suite gewählt, ganz in der Nähe des Geburtsortes der Künstlerin Rha Hye-seok, der Witwe von Lee Ung-no. Ein modernes Hotel mit angenehmen Komfort und genügend Stockwerken, um meinem Wunsch nach einem Zimmer in den oberen Stockwerken, mindestens ab dem fünften Stockwerk, zu entsprechen. Der Rosmarin-Tee, der an der Rezeption zur freien Verkostung angeboten wurde hatte es mir besonders angetan. Zum ersten Mal sah ich hier die in den Boden eingelassenen Drehscheiben, die das Rangieren der PKW´s auf besonders engem Raum ermöglichte.

Pfarrer Lee und Nuna´s Freundin hatten sich den gesamten Tag frei genommen, um uns in ihrer Stadt zu begleiten. Der erste Ausflug führte uns durch die Innenstadt in die Nähe eines buddhistischen Tempels. Vorbei an einer traditionellen kaiserlichen Anlage, dem Hwaseong Palace, suchten wir das städtische Museum für zeitgenössische Kunst auf. Der großer Betonklotz des I´Park Suwon City Museum beherbergt Highlights aus der Hand von Rha Hye-seok. Die Präsentation ihrer Ölgemälde wies eine mir bisher unbekannte Variante auf: Zitate der Künstlerin wurden spiegelverkehrt auf die Ausstellungswände geschrieben; nur mittels des Blicks in die zugeordneten großformatigen Spiegelflächen waren diese seitenrichtig zu lesen. Ein in meiner Auffassung recht geschicktes Vexierspiel, dass zum Um- oder einfach zum Anders-Denken anregen kann.

Auf der Dachterrasse erwartete uns ein angenehmer Ausblick über die Stadt, den Buddhistischen Tempel und die nahe Umgebung. Wir nutzten die eingezeichneten „Best View-Points" für gefühlt unzählige Fotos, es sollten nicht die letzten Fotos sein.

Ein längerer Spaziergang führte uns zu dem privat geführten buddhistischen Tempel. Die Bewegung und die leichte Anstrengung beim Anstieg zum Sungshinsa Shrine tat nach dem langen Flug und der Autofahrt richtig gut. In der Anlage angekommen erwartete uns der Anblick der ca. zehn Meter hohen, vollständig vergoldeten Buddhafigur, stehend auf einer Lotusblüte und hinterfangen von einer Mandorla. Wenige Stufen führten hinunter in das Heiligtum, geschmückt mit vielen Swastika und ca. eintausendzweihundert kleiner Buddhafiguren, aufgereiht hinter großflächigen Glasscheiben. Nachdem wir unsere Schuhe abgelegt hatten, nutzten wir, sitzend vor dem Heiligtum einige Zeit zur inneren Einkehr und Ruhefindung.

Doch offensichtlich waren wir sehr spät, zu spät im Tempel angekommen. Mit eindeutigen Blicken wurden wir von den Eigentümern darauf hingewiesen, dass die Besucherzeit zu Ende sei und wir den Ort nun verlassen müssten. Direkt hinter uns wurden die Schiebetüren zum Heiligtum verschlossen, wir konnten aber noch die naheliegende Pagode mit Bronzeglocke besuchen. Die Glocke war eine Nachbildung eines koreanischen Nationalheiligtums, die Emilie-Glocke, eigentlich: Die Heilige Glocke von König Seondok. Das Original aus dem Tempel Bongdeoksa befindet sich im Nationalmuseum von Gyeongju und wurde 771 n.Chr. gegossen. Der Legende nach konnten die Bronzegießer den Guss nur mithilfe eines schamanistischen Rituals erfolgreich ausführen; das Ritual forderte ein Menschenopfer und ein junges Mädchen wurde in die glühende Bronze geworfen. Den herzzerreißenden Schrei des sterbenden Mädchens glauben Viele auch heute noch beim Anschlagen der Glocke zu hören. Junge Frauen, die von Männern zum Erreichen selbstgesteckter Ziele missbraucht werden; das Hauptthema unserer Reise bahnt sich mit großen Schritten an.

Vor der einstöckigen Pagode leuchtete ein Ahornbaum in roter Blätterpracht; der Indian Summer hielt Einzug in Korea und dieses wunderbare Farbspiel der Natur würde uns nun die folgenden Tage als sicherer Begleiter zur Seite stehen.

Eine kurze Strecke mit dem Auto später fanden wir uns in der Altstadt von Suwon wieder. Ein Treffen in Form eines Abendessens mit der Vorsitzenden der „Nabi", der Friedensschmetterling-Bewegung stand an. Über eine ruhige Seitenstrasse gelangten wir in ein weitläufiges, traditionelles Restaurant. In einem separaten Zimmer war bereits auf niedrigem Tischen ein vielfältiges Menü gedeckt. Wir nahmen auf dem Boden mit verschränkten Beinen Platz. Bap (Reis), Guk (Suppe), Kimchi, Fisch und weitere leckere Beilagen, so zum Beispiel Eichelmus, Mungbohnen und schließlich noch selbst eingelegte Hanguk-Bae (Kakifrüchte); vorzüglich!

Die Kommunikation gestaltete sich bei diesem Arbeitstreffen zum ersten Mal etwas schwierig und holprig. Die wenigen Brocken der koreanischen Sprache, die mir geläufig sind, halfen lediglich über die ersten Minuten einer Konversation. Aber nachdem von den Anwesenden erkannt wurde, das der Fremde, die „Langnase", zwar das eine und das andere Benennen konnte, das Vertrauen aber auf die eigenen Fähigkeiten des als Hilfsmittel etwaig taugenden Englisch dann doch nicht groß genug war, um ein Gespräch zu führen; dann gab es nur einen Ausweg, das Gespräch mit Nuna, mit Frau Y. zu führen. Was auch sicher zielführend und trefflich war, da sie die einzige Person war, die den Gesamtüberblick über das Projekt „Mädchenstaue für den Frieden" und unsere Reise hatte. Entsprechend war ich aus dem Focus und konnte mich auf das Essen konzentrieren.

Da ich im Vorfeld des Abendessens sehr deutlich kund tat, keinen Alkohol, nicht einmal Mektschu, also Bier zu trinken, hatte sich ein leichter Unmut bei den männlichen Akteuren breit gemacht. Offensichtlich mussten sie auf Alkohol verzichten – obwohl dies doch traditionell zum Essen gehört – wenn der Gast keinen Alkohol wünscht. So stand dieses Abendessen unter einem leichten Zeitdruck und tatsächlich, recht schnell – schneller jedenfalls als erwartet – und ich weiß, dass Koreaner sehr schnell essen können – wurde das Essen mit dem Hinwies beendet, ein weiteres Treffen (diesmal wohl mit Alkohol) stehe noch an, man müsse sich nun verabschieden, aber natürlich zuvor noch ein gemeinsames Foto herstellen; der Proof des Treffens musste noch eingefangen werden.

Ein liebenswerte koreanische Eigenheit begegnete mir an noch vor dem Fotoshooting: die Notwendigkeit, dem Gast ein Geschenk zu überreichen, egal um welches Objekt es sich dabei handelt, allein die Geste zählt und ist unabdingbar. So hielt ich plötzlich eine dreifüssige Henkeltasse aus glasiertem Steingut in Händen. Aus dem an das Restaurant angeschlossenen Keramik-Ginseng-Verkaufsgeschäft hatte einer unserer Gastgeber diese spezielle Tasse von einem der Präsentationsregale genommen und mir in die Hand gedrückt. Ich war zunächst ratlos, was ich mit dieser Tasse nun anfangen sollte, zumal sie mir zerbrechlich erschien; jedoch, heute benutze ich sie nahezu täglich, sie liegt gut in der Hand und es lässt sich sehr angenehm daraus trinken.

Den Abschluss des Tages bildete dann eine kurzfristig anberaumte Führung durch die wiederaufgebaute und nahezu vollständig restaurierte Stadtfestung. Eigens hierfür wurde Frau Park gerufen, sie traf pünktlich zum Fotoshooting ein. Mehrfach wurde dann betont, dass nun eine kurze, ca. fünfzehnminütige Begehung folgen werde, die uns einen Einblick in die Festung von Suwon geben werde. Doch die Begeisterung unserer Stadtbilderklärerin war derart groß, dass sie uns gut fünfundvierzig Minuten über und durch die historische Stadtmauer führte, dabei schenkte sie uns Einblicke und Durchblicke auf ein faszinierendes Gebilde mit herausragenden Toren, Brücken, Wehrmauern. Da die Nacht mittlerweile hineingebrochen war, erlebten wir diese Führung bei Flutlicht, was die Großartigkeit und Einzigartigkeit der Anlage nochmals untermalte. Sichtlich beeindruckt wurden wir in unser Hotel zurückgefahren. An diesem Abend verzichtete ich auf einen weiteren, letzten Abendspaziergang, zu deutlich spürte ich nun doch die Müdigkeit und den an der Kondition zehrenden Jetlag. Der nächste Morgen zeigte dann doch das gesamte Ausmaß meiner Müdigkeit. Recht zerknautscht startete ich den Tag, packte den Koffer und freute mich auf ein klassisches koreanisches Frühstück mit Bap (Reis), Guk (Suppe) und Kimchi. Nuna hatte eine ähnliche Idee, wir gingen in das benachbarte Restaurant, welches vierundzwanzig Stunden, sieben Tage die Woche geöffnet hat und Schweinespezialitäten anbot. Eine herrlich heiße und scharfe Morgensuppe half mir, den Start in den Tag zu finden.

Direkt im Anschluss wurden wir von Nuna´s Freundin M. abgeholt und die Tagesreise, die unter dem Aspekt Lee Ung-no stand, begann. Wir fuhren nach Daejeon. An dieser Stelle darf ich kurz erwähnen, das der koreanische Künstler Lee Ung-no eine der ersten Schnittstellen zwischen Frau Y. und mir darstellt. Bereits 2017 saßen wir einmal in Nuna´s Büro und sprachen über mögliche Projekte. Dabei legte sie wie nebenbei – und wahrscheinlich war es wirklich nur nebenbei – ein Buch auf den Tisch, das dem Leben und Werk Meister Lees gewidmet war. Die Abbildungen der vorzüglichen Malereien ergriffen mich sofort und ich fragte nach weiteren Details seines Lebens. Als ich dann erfuhr, dass es eine enge biografische Beziehung zwischen Lee und der Bundesrepublik Deutschland gab, war mein Interesse geweckt. Schon einmal hatte ich ein Buch meiner Schriftenreihe REGARDEUR den Brückenbauern zwischen Korea und Deutschland: Li Mirok, Yun Isang und Franz Eckert gewidmet. Und nun erkannte ich Parallelen zum Lebensweg von Lee Ung-no. Geboren in Korea, widmete er sein Leben der Kunst. Nach dem Bruderkrieg sah er keine Möglichkeit für sich und seine Familie, weiterhin in Korea leben zu können. Er verließ schweren Herzens seine Heimat und reiste, mit Hilfe des damaligen deutschen Botschafters das Land in Richtung Europa. Sein Reiseziel war die Hauptstadt der westlichen Kunst: Paris. Doch seine erster Etappenhalt fand in Deutschland statt, in Frankfurt/Main und in Bonn, der damaligen Bundeshauptstadt. Aus dieser Zeit existiert ein Foto, Lee mit seinem Sohn am Mainufer stehend, im Hintergrund der Eiserne Steg und die Drei-König-Kirche. In Frankfurt fanden auch Verkaufsausstellungen mit seinen Grafiken und Zeichnungen statt, in dem von Studenten selbständig geführten Café KoZ (Kommunikationszentrum) der Goethe-Universität Frankfurt und in der kommerziellen Prestel-Galerie.

In unseren Gesprächen war schnell der Gedanke geboren, eine Wiederholung der Ausstellungen im Jubiläumsjahr 2019 durchzuführen und damit in zwei deutschen Städten auf diesen besonderen Künstler, einen Pionier und Gestalter des figurativen Informel hinzuweisen. Jedoch gestalteten sich die Recherchen und Gespräche in beiden Städten schwierig und nicht förderlich, sodass dieses Projekt Anfang 2018 als noch unlösbar auf Eis gelegt wurde. Die sich dann Ende 2018 anbahnende Reise nach Korea, ließ neue Hoffnung aufkeimen. Einmal angekommen in Süd-Korea konnte Zeit für den Besuch relevanter Stätten zu Leben und Werk Lee Ung-no´s eingeflochten werden. So geschah es auch am zweiten Tag unserer Reise. Die Autofahrt vom Hotel in das 100 Kilometer entfernte Daejeon dauerte gut eineinhalb Stunden. M., die uns heute chauffierte und begleitete ist Schriftstellerin und Musikerin, sie organisiert

Festivals und vertont mit ihrer bezaubernden
Stimme Gedichte. Einige davon hörten wir während
der Fahrt durch die weitläufige und flache
Landschaft Mittelkoreas, die uns zu zwei nahe
beieinander liegenden Orten führten. Zum einem
zu dem historischen, im traditionellen Stil
gebauten Geburtshaus des Künstlers und seinem
benachbarten modern-funktionellen
Personalmuseum. Das Geburtshaus war nicht zu
betreten, so diente die Architektur lediglich
als Kulisse für die unvermeintlichen Fotos.
Dennoch, das Sitzen auf der Veranda stellte eine
körperliche Nähe zum Künstler her, die das kalte
Betonmauerwerk des neuzeitlichen Museumsbaues
nicht zuließ. So stellte an diesem Ort die
Verschmelzung von alter und neuer Architektur
eine harmonisierende Einheit dar.

Das Museum selbst bot in 5 vorzüglich
ausgeleuchteten Räumen, in Glasvitrinen und vor
Sichtbetonwänden eine äußerst sehenswerte
Auswahl unterschiedlichster Werke Lee Ung-nos
aus unterschiedlichen Entstehungsphasen. Ein
wirklich sehenswerter Ort, der als
Personalmuseum dem Leben und Werk eines
wichtigen Künstlers der kalligraphischen
„Schwarm-Malerei" gewidmet ist. Wandelnd durch
das Museum erkennt der geneigte Besucher, das
hohe Potential an befruchtender Energie, welcher
der Künstler in sich und in seinen Werken in den
Westen mitbrachte.

Zudem, was vor wenigen Jahren noch unmöglich
erschien, wurden im selben Haus und tatsächlich
auch in den Räumen miteinander vermischt,
künstlerische Arbeiten seiner zweiten Gattin,
Rha Hye-seok gezeigt. Der Kurator beweist mit
dieser ungewöhnlichen Präsentation der Werke

eines Künstlerehepaares, wie tolerant und offen die koreanische Kunstszene die fruchtbare Wechselbeziehung von Künstlern untereinander anerkennt.

Auf ein erfrischendes Heißgetränk, welches durchaus im angeschlossenen Museumscafé gereicht wurde, verzichteten wir und fuhren die wenigen Kilometer zu dem Sundeoksa-Tempel. Auf einem vorgelagerten Parkplatz nahmen wir ein leichtes Mittagessen und begaben uns anschließend zu Fuß in die langgestreckte Tempelanlage. Ziel- und Angelpunkt dieses Besuches war die auf mittlerer Höhe gelegene Wohn- und Wirkungsstätte Lee Ungno's. Mehrere Jahre hatte der Künstler dort in klösterlicher Abgeschiedenheit in einem traditionell-einfachen Wohnhaus gelebt. Ihm zu Ehren wurden das Wohnhaus und die anschließenden Wirtschaftsräume erhalten; sie werden heute von den dort lebenden Mönchen bewohnt. Zusätzlich aber wurde ein Besucherzentrum errichtet, dass zum einen als Verkaufsgalerie kunsthandwerklicher Gegenstände dient, Toiletten und weitere Nutzräume beinhaltet, das aber auch zu Leben und Werk des Künstlers Auskunft gibt. Ein wahrlich schwer-wiegende Kuriosität birgt der Ort aber noch zusätzlich. Tatsächlich hat der Künstler während der vielen Jahre, die er hier im Tempelbezirk lebte, in mehrere Granitfindlinge koreanische Texte und natürlich seine „Schwarm-Figuren" eingraviert. Diese neuzeitlichen Petroglyphen sind bis zu 4 Zentimeter in den harten Granit eingemeißelt; eine Sisyphusarbeit wenn man bedenkt, dass er lediglich mit Hammer und Meissel arbeitete, also keine technische Unterstützung in Form von Pressluft oder einem elektrischen Winkelschleifer verwendete. Beim Einlegen meiner

Finger in die aus dem Stein herausgehauenen Rillen glaubte ich die enorme Kraft- und Willensanstrengung des Künstlers bei seiner zeitfordernden und kräftezehrenden Umsetzung spüren zu können.

Voller Hochachtung ob der künstlerischen und handwerklichen Leistung spazierten wir noch zwei weitere Ebenen innerhalb der Tempelanlage aufwärts. Oben angekommen – ohne jedoch den obersten Bereich der Anlage auch nur annähernd nahe gekommen zu sein – belohnten unseren touristisch kurzen Aufstieg eine über beide Ohren lachende Buddhafigur, mehrere Pagoden und eine Kuanin-Figur, die Göttin der Barmherzigkeit. Aus einer sich in ein Granitbecken ergießenden Quelle tranken wir traditionsgemäß mit Hilfe der vielen bereitliegenden Plastikschöpflöffeln das erfrischend Nass.

Der Abstieg zum Parkplatzniveau musste schneller von statten gehen, da die Schließzeit des Tempel bedenklich näherrückte, zudem kam leichter Nieselregel auf. Erst jetzt, auf dem Rückweg fielen mir die vielen Restaurants und Verkaufsstände auf, die neben Speisen und Alkohol, Kunsthandwerkliches, viele Gemüsesorten und natürlich Ginseng in unterschiedlichsten Darreichungsformen – als Wurzel, ein- zwei oder dreijährig, getrocknet oder eingelegt in Alkohol, als Paste, als Pulver – anboten. Unbeeindruckt und ohne den Geldbeutel zu zücken schritten wir an den vielen Händlern vorbei, auch an dem mit seiner überdimensionierten Metallschere klappernden Süßwarenverkäufer; der doch eigentlich bei Nuna und M. Kindheitserinnerungen hätten wecken müssen; es offensichtlich jedoch nicht tat.

Die Autofahrt in der Dunkelheit in die
nächstgelegene Großstadt und dort zum
Hauptbahnhof war wieder kurzweilig und mit
Gesprächen in zwei Sprachen, Musik aus dem Radio
und vielen Gelächter gefüllt. Wir mussten direkt
in die Innenstadt und das bedeutete an diesem
Abend, dass wir uns durch den dichten,
allabendlichen Berufsverkehr zu kämpfen hatten.
Nur um Haaresbreite erwischten wir unseren Zug
Richtung Daegu. Doch nachdem wir unsere
reservierten Plätze eingenommen hatten, war der
eben noch im Auto deutlich zu spürende Druck
verflogen. Bereits nach einer guten Stunde kamen
wir am Hauptbahnhof von Daegu an. Und wieder
wurden wir von einem guten Bekannten Nuna´s in
Empfang genommen. Professor Lee, ein ehemaliger
Studienkollege gab sich die Ehre, uns abzuholen,
mit uns Essen zu gehen und schließlich noch zu
unserem Hotel zu begleiten.

Das traditionelle Essen, zu dem wir eingeladen
wurden war aussergewöhnlich. Abalone, die
besondere Meeresspezialität Koreas, dargereicht
in unterschiedlichster Zubereitung: roh,
gedämpft, gebraten und als Suppeneinlage. Jede
einzelne dieser Darreichungsarten war eine
kulinarische Versuchung; Hunger verspürte ich
schon lange nicht mehr, der vorzügliche
Geschmack und die Neugierde auf den als nächstes
kommenden Gaumenkitzel unterdrückte jedoch das
Völlegefühl. Das erstaunliche in der
koreanischen Küche ist das Ausbleiben einer
anhaltenden Übersättigung. Egal wieviel man
isst, nach einer kurzen Weile ist die
offensichtlich leicht verdaulich zubereitete
Speise verstoffwechselt.

Es stellte sich heraus, dass Professor Lee nicht nur eine Studienfreund war, sondern mittlerweile emeritierter Professor der größten Universität der Stadt und auch weiterhin als Kontaktprofessor das Geschick der Universität führte; zudem ein begeisterter Waldwanderer und passionierter Sucher und Finder wild wachsenden Ginsengs.

Wir nahmen noch eine Tasse Kaffee in einem kleinen, nahegelegenen europäisch anmutenden Café und wurden dann sogar noch zu dem Hotel gebracht, in dem wir die beiden folgenden Nächte verbringen sollten. Ganz so einfach war das Auffinden des Hotels dann doch nicht. Aber nach Einholen kompetenter Hilfe – in einer Polizeistation – fand Professor Lee das Hotel, das sich in dem alten Apothekerviertel der Stadt befand. Auch hier konnte ich wieder ein Zimmer in den oberen Etagen beziehen, mit Blick auf diverse Hochhäuser und in einige Strassenfluchten. Beim Zappen durch die gebotenen ca. sechzig TV-Kanäle, die zu achtzig Prozent aus koreanischen Sendern bestanden, fand ich einen Tele-Shoppingkanal, der eben die von uns gerade verspeisten Abalone-Muschel zum Kauf feil boten. Im Restaurant wirkten diese besonderen Muscheln wesentlich appetitlicher, als auf dem Bildschirm im Hotel.

Am kommenden Vormittag sollten wir im HEEUM-Museum – The Museum of Military Sexual Slavery by Japan – mit Großmutter Lee Yong-soo zusammentreffen, einem ersten geplanten Highlight unserer Reise und am Abend an den Festlichkeiten zu Ehren ihres neunzigsten Geburtstages teilnehmen.

Zunächst wollte ich auf das Hotelfrühstück verzichten, doch die Neugierde auf Neues ließ mich dann doch in den ersten Stock hinuntergehen. Ich nahm die Treppe und durfte erfahren, dass die koreanischen Reinigungskräfte das Treppenhaus als Lager ihrer Reinigungsutensilien und als Wäschekammer nutzten. Mit einigen beherzten Sprüngen über kleinere Haufen von Hotelwäsche kam ich auf der Höhe des Frühstücksraumes an. Dieser war recht klein und überschaubar. Meine Erwartung von Weißbrot, Butter und Marmelade wurde nicht erfüllt, statt dessen begrüßte mich: Reis, Suppe, verschiedene Sorten Kimchi und noch einige Beilagen; rein koreanisch. Ich nahm eine kleine Menge von allem und fand einen freien Platz auf einem Hocker vor einem Fenster mit Ausblick auf die Strasse.

Einen Hinweis auf die Toiletten muss ich noch geben. Bereits im ersten Hotel, also tags zuvor wurde ich in dem Badezimmer mit einer vollelektrischen Toilettensitz konfrontiert. Die grundsätzliche Nutzung einer Toilette stellt keine Herausforderungen dar. Von meinen früheren Aufenthalten in Korea war ich die traditionelle Hock-Toiletten (so, wie ich sie aus Frankreich her kannte) gewohnt oder, beim letzten Besuch, mit Schaumstoff aufgepolsterte Toilettensitze mit einer Öffnung im vorderen Bereich (amerikanischer Stil); was für mich schon damals sehr gewöhnungsbedürftig war. Nun aber war ich mit einer Toilette mit Fernbedienung konfrontiert. Und im ersten Hotel befanden sich auf dieser ausschließlich koreanische Schriftzeichen, keine Piktogramme. Auf „try and fail" wollte ich mich nicht einlassen, so musste die Übersetzungshilfe im Internet meine missliche Situation aufklären; um es abzuschließen, ich fand die richtigen Knöpfe dieser Kombinationstoilette aus Wasserklosett und Bidet.

Nuna, die bei einer Tante ganz in der Nähe untergebracht war, fand mich im Foyer sitzend, bereits mit einem Regenschirm versorgt. Der gestrige Regen hatte sich bis in den frühen Morgen durchgesetzt und auch jetzt tröpfelte es, so war der Himmel wolkenbedeckt und grau in grau, die Straßen feucht. Zielstrebig führte sie mich durch die Strassen von Daegu´s altem Stadtkern. Ich versuchte mir Einzelheiten einzuprägen. Anfangs speicherte ich die Wegführung, als wir beide jedoch erkennen mussten, dass uns der eingeschlagene Weg nicht ans Ziel führte, wir Passanten fragen mussten und schließlich auf einem Zick-zack-Weg zum HEEUM- Museum gelangten, hielt ich Ausschau nach wieder erinnerbaren Straßenobjekten. Und in meinem Fall waren das zum einen die Silhouetten der Hochhäuser, insbesondere deren Dachkonstruktionen, die aus jedem Winkel betrachtet spezifisch und individuell waren, zum anderen aber – passend für mich – großformatige Skulpturen, die nahezu jedes größere Haus als „Kunst am Bau" schmückten. Diese Point-de- vues waren für meine Orientierung regelrechte Ankerpunkte, die mir später halfen, als ich mich alleine auf den Weg zum Hotel machte; sie waren notwendig und absolut hilfreich.

Endlich erreichten wir, etwas angefeuchtet, das Museum. Im freundlich gestalteten aber sehr dunklen Foyer mussten wir nur kurz warten. Wir waren angemeldet und Halmoni, Großmutter Lee, unterbrach eine hausinterne Besprechung mit den ehrenamtlichen Mitarbeiterinnen und der Leiterin des Museums, um uns zu empfangen. Ich weiß nicht wie ich darauf kam, aber ich erwartete eine gebrechliche, verbitterte alte Frau, vielleicht im Rollstuhl. Großmutter Lee Yong-soo war das spiegelbildliche Gegenteil. Vital und mit hellwachem Blick saß sie hinter einem großen Besprechungstisch im kleinen Büro des Museums und musterte die beiden Eintretenden, uns. Wir wurden zum Tisch geführt und setzten uns Halmoni gegenüber. Das Reden übernahm Nuna, zwar konnte ich meine wenigen Brocken Hangul anbringen, sehr zur Freude und zum Amüsement der Anwesenden, aber inhaltlich konnte ich weder folgen, noch mich beteiligen. So wurde der Austausch immer wieder unterbrochen, um mich mit kurzen, zusammenfassenden Übersetzungen auf dem Stand zu halten. Wir wurden über die Entstehung und Funktion des Museum unterrichtet und über den persönlichen Weg von Lee Yong-soo. Über ihre unbeschreiblich mutige Aktion: „Jetzt rede ich!" bis hin zu ihrer Stilisierung als Galionsfigur der Bewegung der sogenannten „Trostfrauen" in Korea. Stilisierung deshalb, da ihr manchmal der ganze Rummel um die Geschehnisse, die weit in der Vergangenheit zurück liegen, zu viel war. Sie möchte nicht in der Vergangenheit verhaftet sein und bleiben. Großmutter Lee ist es wichtig über Vergebung, Versöhnung und über das Aufblühen von einem neuen Miteinander zu sprechen und dieses gemeinsame Aufblühen zu leben. Erst in diesem Moment fiel mir auf, dass eine der ehrenamtlichen Mitarbeiterinnen eine gebürtige Japanerin war. Und der Besuch eines weiteren japanischen Ehepaares, die ebenfalls ehrenamtlich das Museum unterstützten, wurde im selben Moment angekündigt. Hier im Museum, durch die Person von Halmoni, wird bereits „Versöhnung und Gemeinsamkeit von Korea und Japan" gelebt. Dieses erste Gespräch mit dem Zweck des Kennenlernens endete mit der Übergabe von Halmoni´s Buch aus der Reihe „Remember Her", das sie für mich mit einer persönlichen Widmung versah, abrupt. Als Grund wurde das Eintreffen des bereits angekündigten japanischen Ehepaares genannt; ich glaubte eine Spur von Ermüdung oder Unruhe bei Frau Lee zu spüren. Wir, Nuna und ich wurden gebeten, einen geführten Rundgang durch das Museum zu unternehmen. Da der Besuch des Museums einer der Hauptpunkte unserer Reise war, nahmen wir die Führung gerne an. Ich ging davon aus, dass ich Halmoni erst wieder am morgigen Abend sehen werde, anläßlich der öffentlichen Feier ihres neunzigsten Geburtstages, doch damit lag ich falsch.

Das Museum, das an die von japanischen Soldaten verübten Taten der Sexsklaverei erinnert, bietet auf zwei Stockwerken eine Vielzahl von Dokumenten, Zahlen und Fakten; aufbereitet in großformatigen Fotografien, in Filmen, die in Endlosschleifen vorgeführt werden und in Schautafeln und Tabellen. Mehrere Bücher zum Thema und viele Merchandisings werden zum Kauf angeboten. Die Atmosphäre des Museums schwankt zwischen dunkel bedrückt über das schreckliche Schicksal der Opfer der in die Sexsklaverei getriebenen jungen Frauen und Mädchen durch das japanische Militär in der Zeit der japanischen Besatzung bis hin zum hoffnungsvollen Aufblühen einer schon teilweise gelebten Vision der Vergebung und Versöhnung. Die Forderung nach Anerkennung der schrecklichen Taten, die japanische Soldaten verübt hatten durch die japanische Regierung jedoch steht auch hier im Museum und bei den Initiatoren an oberster

Stelle; ebenso die Forderung nach einer offiziellen Entschuldigung und Wiedergutmachung. Das HEEUM-Museum, so klein es auch ist, ist definitiv ein Leuchtturm in der Debatte über den Umgang mit sexualisierter Gewalt im Krieg. Leider waren alle Informationen ausschließlich in koreanischer Sprache verfügbar; zumindest eine Übersetzung ins Englische wäre für die Zukunft wünschenswert, um eine breitere Öffentlichkeitswirkung zu erzielen. Doch schließt sich hier die Frage an: Welche Touristen, welche Ausländer finden den Weg in das alte Apothekenviertel der Stadt Daegu? Für eine Kooperation mit internationalen Museen ist eine zumindest bilinguale Präsentation unumgänglich.

Zeitgleich mit dem Abschluss der Führung fiel die Aufforderung, wir mögen uns fertig machen zu einem gemeinsamen Mittagessen. Nicht dass ich bereits Hunger verspürte, aber die Hoffnung, Halmoni noch ein wenig mehr wahrnehmen zu dürfen, ließ diese Bedenken verblassen. So ging wir, eine kleine, gemischte Gruppe aus Koreanern, Japanern und mir, einem Europäer zu einem nahegelegenen japanischen Restaurant, vorbei an mindestens sieben koreanisch geführten Restaurants; aber nein, es musste ein japanisches Restaurant sein: Großmutter Lee lebt bereits die von ihr reklamierte Versöhnung beider Völker! Von den Tischgesprächen bekam ich nicht wirklich etwas mit. Nuna war eingespannt und nahm ihre Rolle als Repräsentantin und Vorsitzende des deutschen Punggyeong Vereins mit Würde und Intensität wahr. Ich dagegen konzentrierte mich auf die gereichten Sashimi und die Udon-Suppe. Halmoni sass mir direkt gegenüber und ich durfte beobachten, dass sich ihre Stimmung mehr und mehr anhob. Sie erzählte viel und lachte immer wieder herzlich.

Nach dem Mittagessen folgte noch ein kurzer Aufenthalt im Museum. Im dortigen Foyer stand eine Sofortbildfotobox; wir stellten uns gemeinsam auf eine am Boden befindliche Markierung, drückten den Auslöser, reifen alle „Kimchi" und fertig war das Foto, der Proof, der den aktuellen Besuch festhielt. Insgesamt drei Fotos wurden so hergestellt und verteilt.

Mittels der wenigen übersetzten Informationen erfuhr ich, dass Halmoni nun das Museum verlassen will und einen Friseur im benachbarten Einkaufszentrum aufsuchen möchte. Die Vorstellung, mit mehreren Frauen in einem Einkaufszentrum und dann auch noch bei einem Frisör zu sitzen, erweckte ein Unwohlsein in mir und ich beschloss, mich von der Gruppe zu separieren und zum Hotel zurückzugehen um dort ein wenig Auszuruhen. Nuna konnte diese, meine Entscheidung nur hinnehmen, wenn auch enttäuscht. Noch stand ich mit allen vor der Eingangstüre des Museum. Als das Taxi eintraf, half ich Halmoni hinein, verabschiedete mich und ging winkend die Straße entlang, die mich – so hoffte ich zumindest – zum Hotel führen sollte. Später erfuhr ich, dass Großmutter Lee mit meiner Entscheidung nicht zufrieden war.

Die von mir erinnerten Skulpturen halfen mir tatsächlich, zum Hotel zurück zu finden. Ich konnte den Regenschirm retournieren, der Regen hatte aufgehört und die dichte Wolkendecke brach mehr und mehr auf. Im Zimmer angekommen, versuchte ich die Eindrücke des Vormittags zu sortieren. Die emotionale Betroffenheit, die sich in mir während des Museumsbesuches und konfrontiert mit den Dokumenten der Kriegsschande breit machte, löste sich durch und im Kontakt mit Großmutter Lee mehr und mehr auf. Eine Frau, die in ihrer Jugend Schreckliches erdulden musste, die trotz des Erleidens dieses Martyriums nach dem Krieg in ein eigenes, selbstbestimmtes Leben zurückfinden konnte, eine Frau, die ohne den partnerschaftlichen Halt eines Ehemannes selbstbewusst ihren Weg ging, die schließlich aufstand und sich zeigte, als Opfer mit ihren Wunden und Mut machte und andere aufforderte es ihr gleichzutun, die sich in die erste Reihe stellte und unverzagt und uneingeschüchtert immer wieder friedlich nach Anerkennung, Entschuldigung und Versöhnung rief, einer solchen Frau kann man nur den größten Respekt zollen!

Tief in diesen Gedanken steckend, klingelte plötzlich das Festnetztelefon des Hotelzimmers und Nuna forderte mich auf, unverzüglich zum Eingang zu kommen, denn Halmoni bestand darauf mit mir zusammen in ein traditionelles Teehaus zu gehen. Da all meine Pläne auf dieser Reise fremdbestimmt waren, war es ein Leichtes, diesem Wunsch zu folgen. Ein traditionelles Teehaus, das versprach eine weitere Abwechslung und Teegenuss, wahrscheinlich lag es um die Ecke, ich würde von Servicepersonal in traditionellem Han-buk bedient und dürfte – vor niedrigen Tischchen auf dem Boden sitzend – vorzüglichen koreanischen Tee genießen; das war meine Vorstellung. Es sollte anders kommen.

Nuna erwartete mich bereits ungeduldig im Foyer. Sie erklärte mir, das Großmutter Lee es gar nicht schätzte, dass ich mich aus der Gruppe verabschiedet hatte. Nun wolle sie uns beide in ein Teehaus einladen. Außerdem versuchte sie ihre Ziehtochter zu erreichen, damit diese zu uns stossen möge. Während der Taxifahrt saß ich auf der Rückbank neben Großmutter Lee. Sie bediente geschickt ihr Smartphone und telefonierte mit ihrer Ziehtochter. Dabei zeigte sie mir mehrfach ein Foto von B., einer schönen jungen Frau. Die Fahrt zum Teehaus entpuppte sich als eine Reise von gut einer Stunde, wir fuhren vom Zentrum Daegu´s hinaus an den Stadtrand. Am Ziel angekommen fand ich mich vor einem vierstöckigen Lagerhaus, der Eingang war unscheinbar und als wir im zweiten Stock ankamen und durch die Türe ins Innere des Stockwerkes schauten, blickte ich in einen weitläufigen Lagerraum, angefüllt mit Regalen, Tischen und Sitzmöbeln. Und überall, wirklich überall befanden sich Utensilien, die zum Gebrauch und Genuss von Tee dienten: unzählige Teeschalen, Teekannen, Untersetzer, Feuerstellen, Teebehälter; in Ton, Metall, Porzellan. Eine überwältigende Anzahl, ein Reichtum an Formen und Farben. Einige der Exponate waren unter Glasstürzen geschützt. Das Highlight der Sammlung war eine japanische Teeschale in Raku-Technik um 1927 hergestellt, mutwillig im Zweiten Weltkrieg zerstört, konnte sie in den späten 1990er Jahren in Kintsukuroi-Technik repariert werden.

Zu meiner Verwunderung – ich hatte einen niedrigen, kleinen Tisch erwartet und das Platznehmen auf dem Boden – wurden wir an einen großen, normalhohen Holztisch geführt und setzten uns auf herkömmliche Stühle. Die Tischplatte war dekoriert mit mehreren Teekannen, einigen kleinen Teeschalen, Schnittblumen in einer Vase, einem temperaturgesteuerten Wasserkocher und essbaren Kleinigkeiten, einer gekochten Süßkartoffel zum

Beispiel. Eine Dame begann kochendes Wasser in kleine Kännchen zu füllen und uns Tee zum Verkosten zu reichen. Nach dem zweiten oder dritten Durchgang wurde sie vom Eigentümer des Hauses, dem Teemeister Lee abgelöst. Das Erscheinungsbild von Teemeister Lee ist vollständig unprätentiös, im grauen Jogginganzug und einer gelebten Nonchalance, zelebriert er, wie beiläufig die chinesische Art der Teezermonie par excellence. Jeder Handgriff saß, genau choreografiert war die Abfolge verschiedener Teesorten, deren feine Geschmacksnuancen exakt aufeinander abgestimmt. Fast drei Stunden dauerte dieses Zeremoniell, das aufgelockert wurde durch eine hochintellektuelle Unterhaltung über Tee, die Menschen und das Sein an sich. Ein Genuss, durch und durch.

Und wir, die Teilnehmenden, Großmutter Lee, ihre Ziehtochter, Nuna und ich, wir hatten Freude an diesem Nachmittag. Bei Großmutter Lee zeigte sich diese Freude in einer Form von Unbekümmertheit, mit der sie mich in Beschlag nahm. Sie rückte mir während der gesamten Zeit nicht von der Seite. Sie suchte meine Nähe und nahm wiederholt sehr zum (gespielten) Entsetzen ihre Ziehtochter, meine Hand: „Aber Halmoni, so etwas macht man doch nicht!" - „Doch, ich schon. Ich bin alt, ich darf das!" war Großmutter Lee´s Antwort. Zum Abschluss gab es noch eine Fotosession, dann ein gemeinsames Abendessen in einem nahegelegenen Restaurant, doch das wäre jetzt zu viel gesagt. Es handelte sich eher um eine Küche in einer Garage. Die Köchin war herzlich und das dargereichte Essen äußerst schmackhaft, Suppe, Kimchi, viele Beilagen. Wir speisten an einem runden Tisch mit Freude und Appetit. Nuna brachte mich schließlich mit einem

Taxi zurück zum Hotel, sie fuhr zu ihrer Tante
weiter. Der morgige Tag würde wohl weitere
Überraschungen beinhalten, mutmasste ich als ich
vollständig übermüdet in mein Hotelbett fiel.

Am Morgen ließ ich das Frühstück ausfallen, zwei
vollständige warme Mahlzeiten am Tag reichten
aus und so einladend war das Hotelbuffet nun
doch nicht. Nunas Freundin sollte uns den Tag
über begleiten und chauffieren. Als erster
Programmpunkt stand der Besuch der Universität
von Daegu an. Auf diesem öffentlichen Unigelände
wurde vor wenigen Jahren eine Skulptur zur
Erinnerung an das Leid der „Trostfrauen"
aufgestellt. Es wäre damit die erste
Bronzeskulptur zu unserem Thema, die ich in
Korea sehen durfte. Ich ging von einem
Kurzbesuch aus, doch wieder einmal hatte ich
weit gefehlt. Prof. Lee erwartete uns bereits
auf dem Besucherparkplatz. Ich freute mich sehr,
ihn wieder zu sehen, der Austausch mit ihm
vorgestern war für mich sehr angenehm. Wir
wechselten in sein Auto und er fuhr uns über
seinen ehemaligen Campus. Ehemalig, da er seit
einigen Monaten emeritiert war, doch die
Ehrerbietungen der ehemaligen Kollegen und
Studenten zeigten, wie präsent Professor Lee
auch heute noch in den Köpfen der Menschen ist.
Es war wirklich notwendig, das Auto zu nehmen,
die Campusanlage der Daeju-Universität mit
Unterrichtsgebäuden, Wohnheimen, Sportplätzen
und vielen Grünanlagen war aussergewöhnlich
weitläufig und zudem sehr schön gelegen.
Schließlich kamen wir zur Mensa und der
Cafeteria. Dort, vor dem Eingangsbereich war sie
platziert, die andere „Mädchenstatue". In
goldfarbener Bronze sitzt sie auf einer einfach
Metallbank, hinterfangen von einem

großformatigen Plakat, zu ihren Füssen eine Texttafel. Diese Mädchenstatue, 2018 geschaffen von Seo Yong-jun, im Gros finanziert von der Studentenschaft, ist wesentlich naturalistischer ausgeformt und in ihrer Oberfläche bewegter als die des Künstlerehepaares Kim. Verlassen, leicht nach vorne gebeugt sitzt sie auf der Bank, bekleidet mit dem Han-bok, die langen Haare zu einem festen Zopf am Rücken zusammengeflochten, Ihre nackten Füße schweben über der Erde, ihre Hände liegen im Schoß und halten einen Blumenkopf fest. Die Studierenden haben sich an den Anblick der Bronzestatue gewöhnt, keiner bleibt stehen oder setzt sich zu ihr auf die kalte Bank, keine Schuhe sind ihr beigestellt, keine selbstgestrickten Kleidungsstücke liegen auf den Schultern der Bronze. Wir sind die einzigen, die sich mit der Statue beschäftigen, betriebsames Treiben fließt im Normaltakt um diese „Mädchenstatue für den Frieden".

Mich erfreut diese Normalität, die um die Statue herum herrscht. Sie ist Bestandteil dieses Ortes, dieses Platzes, sie gehört dazu, ohne große Aufgeregtheit und doch erinnert sie in und mit ihrer einfachen Präsenz an das Leid der Menschen für das und für die sie symbolisch hier sitzt. Etliche Fotoaufnahmen später und nach einer innigen Schweigeminute gingen wir zur nahegelegenen Cafeteria, wo wir eine kurze Pause mit Kaffee und Süßgebäck einlegten. Ich durfte mir eine Besonderheit bestellen, einen Coffee cold brew. Eiskaltes Wasser tropfte hierfür gut zwölf Stunden durch das fein gemahlene Kaffeemehl, dieses Konzentrat, welches sich dadurch auszeichnet, das sich keine Bitterstoffe oder erhitzten Öle darin befinden, wurde vom Servicepersonal mit heißem Wasser in einem

Kaffeepappbecher aufgefüllt. Professor Lee verteilte schließlich noch einige Erinnerungsgeschenke und verwöhnte uns noch mit einem Mittagessen in einem Restaurant ganz in der Nähe des Universitätsgeländes. Ein ganz besonderer Fisch bildete das Zentrum dieses Mittagessens, dazu verschiedene Kimchisorten, Reis in einem Meeresalgennetz und Reis mit rötlichen Bohnen in einem Steintopf, am Boden leicht angebrannt. In diesen Steintopf wird heißes Wasser eingegossen, wodurch sich der Reis vom Boden löst; ein leicht süßliches, geschmackvolles Getränk ergibt sich daraus. Nach einer herzlichen Verabschiedung fuhr uns Nunas Freundin zu der buddhistischen Tempelanlage Jikjisa. Am untersten Plateau parkten wir das Auto und gingen zu Fuß zur Hauptanlage, den Weg schmückten unzählige, farbige Lampignons, wir gingen durch Tore, über Brücken, an Grabstätten vorbei. Leider reichte die Zeit nicht, um weiter nach oben zu spazieren, nur ein Rundgang durch die Tempelgebäude mit Glockenhaus, der Buddhahalle, vielen Pagoden und Brunnen, sowie Nebengebäuden war uns aus zeitlichen Gründen möglich. Auch der zentrale Platz war mit unzähligen Lampignons in Kopfhöhe geschmückt, an jedem Ballon hing ein Zettel mit Wünschen um Heilung, Genesung und Glück für die Schreibenden selbst und für andere. Die Farben des Indian Summer erstrahlten in den Blättern der vielen Baumwipfel und boten ein wunderschönes, nicht enden wollendes Naturschauspiel. Eine solche Farbkulisse hatte ich bisher noch nicht anschauen können.
Und weiter ging es mit dem Auto zurück in die Innenstadt von Daegu. Trotz des einsetzenden Feierabendverkehrs erreichten wir das Hotel ohne dass wir in Zeitstress kamen. Ein Taxi brachte

uns zur Jubiläumsfeier von Halmoni, in das 5-Sterne Prince Hotel. Der Festsaal war bereits gut gefüllt, geschätzte dreihundert Personen waren schon eingetroffen. Obwohl wir angemeldet waren, fanden die Verantwortlichen im Eingangsbereich nicht sogleich unsere Namen, doch eine der ehrenamtlichen Mitarbeiterinnen des HEEUM-Museums erkannte uns und klärte die Situation auf. Wir wurden daraufhin in den Saal eingelassen und zu einem Tisch in der hintersten Reihe geleitet. Gerade wollten wir uns niederlassen, um dem Treiben aus sicherer Entfernung zu zusehen, da erblickte uns B., die Ziehtochter von Großmutter Lee. Sie ergriff mich an der Hand und zog mich, Widerstand zwecklos, nach vorne zu Halmoni. Mit den gefühlten Worten: „Schau mal, wer nun doch gekommen ist!" schob sie mich zu ihrer Ziehmutter. Nuna war zu meinem Glück, auch wenn sie nicht immer das ausführte, worum ich sie bat, in meiner unmittelbaren Nähe. Als Halmoni meiner ansichtig wurde, warf sie die so trefflich geplante Sitzordnung um und forderte Nuna und mich auf, in der ersten Reihe, an ihrem Ehrentisch Platz zu nehmen. Ich konnte die Blicke der Organisatoren in meinem Rücken spüren, einverstanden waren sie mit diesem Manöver nicht, doch ich fügte mich dem Wunsch der 90-jährigen, wie ich es auch noch weitere Male an diesem Abend tuen würde. Halmoni jedenfalls begrüßte uns überfreudig, nahm mich wieder und wieder an der Hand und forderte mich nachdrücklich auf, ganz in ihrer Nähe zu sein und zu bleiben. Ich blieb immer so lange in Halmonis Nähe, wie ich es für schicklich hielt und zog mich dann wieder zurück, nahm an dem Tisch Platz, der mittlerweile von verschiedenen Honorationen besetzt war. Jeder der Gäste begrüßte die Jubilarin und jeder wollte diesen

Moment mit mindestens einem Foto festhalten, so bestand die erste Stunde des Abends aus Begrüßungen und Fotoaufnahmen. Halmoni wünschte sich meine Gegenwart wiederholt an ihrer Seite. Sie suchte mich mit ihren Blicken und winkte mir zu, ich möge doch bitte mit auf die Fotos kommen. Der zweite Teil des Abends wurde von einer Moderatorin geleitet. Sie hatte offensichtlich viel Freude darin, die einzelnen Programmpunkte anzusagen, Überleitungen zu kreieren, sich um die nicht immer funktionierende Technik zu kümmern und vorbereitete Texte verschiedener Gruppen und Personen vorzutragen. Verstehen konnte ich nichts, versuchte es auch nicht, applaudierte und lachte aber mit der Masse; ich war die einzige „Langnase", der einzige Westler, in dem riesigen Saal. An einem Punkt des Abends erwähnte Nuna, dass nun alle wichtigen Personen erwähnt worden seien und das Buffet wohl gleich eröffnet würde. Dieser Hinweis gereichte dem Herrn zu meiner Linken zum Anlass, sich kurzerhand zu erheben und den Tisch zu verlassen. Als er kurze Zeit später wieder zurückkam, setzte er sich sichtlich zufrieden nieder und gab mir in wenigen englischen Brocken zu verstehen, dass er die Situation bereinigt habe. Noch überrascht und mich selbst fragend, was er damit meinte, hörte ich meinem Vornamen über die Lautsprecherboxen hallen und „Dogire", also Deutschland. Sekunden später hatte ich ein Mikrophon in der Hand und wurde von meinem Nachbarn nach vorne Richtung Bühne gedrängt. Nuna griff ein zweites Mikrophon und instruierte mich: „Nun bist Du dran! Sprich über unser Projekt, bedanke Dich bei Großmutter und schicke ihr Glückwünsche!" Da stand ich nun vor gut 400 Gästen, ich versuchte mit einem Scherz zu beginnen: „Alleine an meinem Aussehen erkennen Sie, werte Gäste, dass ich hier in diesem Saal wohl der einzige Ausländer bin. Und in der Tat, meine Begleitung, Frau Y., die Vorsitzende des Punggyeong Weltkulturen Vereins und ich haben die Entfernung von gut elftausend Kilometern nicht gescheut und sind heute und hier in Daegu, anläßlich des 90sten Jubiläums von Großmutter Lee Yong-soo." Während Nuna übersetzte konnte ich meine Gedanken sortieren. Ich sprach dann darüber, dass ich mir im Vorfeld schon meine Gedanken gemacht hatte, was mich denn wohl in Korea erwarten würde und in welcher Konstitution ich wohl Großmutter Lee erleben würde. Ich hatte eine gebrechliche alte Frau erwartet und war so freudig überrascht, als ich mit einer lebensfrohen und tatkräftigen Dame bekannt gemacht wurde. Ich erwähnte, dass wir im zurückliegenden Monat die Mädchenstatue für den Frieden für sechs Wochen in Hamburg aufgestellt hatten und weitere Pläne zur Aufstellung in Deutschland schmiedeten. Mit meinen besten Glückwünschen an Halmoni beendete ich diese kurze Ansprache und konnte mir nicht verkneifen, einen kleinen Scherz an das Ende zu setzen. Ich schloß mit: „Nun hoffe ich sehr, dass meine Partnerin, Frau Y., die Inhalte meiner Worte besser übersetzt hat, als ich sie ausgesprochen habe!" Unter dem aufbauenden Lachen der Anwesenden konnte ich das Podium verlassen. Kurz danach wurde das Buffet eröffnet. Danach gab es weitere musikalische Glückwünsche und Kurzauftritte. Ich hatte das Gefühl, genug an diesem Abend „geleistet" zu haben und gab Nuna unmissverständlich zu verstehen, dass ich nun aufbrechen wolle. Doch ihre Antwort war eindeutig, der Zeitpunkt sei ungünstig, wir wären die ersten und das zieme sich nicht.

Obwohl sich die Tischreihen bereits ein wenig
gelüftet hatten, fügte ich mich, nicht wissend
was mich nun noch erwarten sollte. Denn
offensichtlich professionelle Bühnenakteure
betraten die Bühne. Die einzigen Worte, die sie
auf englisch sprachen waren: „Schließt die
Saaltüren! Es gibt kein Entkommen mehr!" Und
dann legten Sie los, sie gaben, sehr zur Freude
von Halmoni, ein Potpourri alter Schlager zum
Besten. Viele der Songs ließen Gäste euphorisch
aufspringen und Tanzeinlagen darbieten. Dabei
trafen mich wieder und wieder die Augen von
Halmoni, sie forderte mich zum Mittanzen auf,
und wenn sie mich nicht aufforderte, dann war es
einer der Gäste. Ich stand nahezu die gesamte
Zeit der Song-Einlage neben der Jubilarin und
tanzte neben ihr, mit ihr oder solo. Wann immer
ich mich zurückziehen wollte, gab es schon einen
lieben Gast, der mich wieder zum Aufstehen und
Mittanzen aufforderte. Von meinen vorherigen
Reisen nach Korea wusste ich um die Freude der
Koreaner am Singen und Tanzen, so war ich
eigentlich vorbereitet und fand schließlich auch
Gefallen an diesem besonderen Abend. Und das
sogar so sehr, das ich an einem Punkt die
Initiative übernahm. Als ein Lied mit dem
Rhythmus eines Discofox ertönte, forderte ich B.
auf und führte sie durch das Musikstück, wobei
ich sie allerlei Drehungen und Figuren tanzen
ließ. Als das Lied schloss, ließ sie sich
erschöpft nieder, eine der professionellen
Tänzerinnen jedoch griff mich in diesem Moment
und glaubte in mir einen passablen Tänzer
gefunden zu haben. Zu ihrer großen Enttäuschung
verstand ich ihre Tanzschritte nicht und da sie
mich nicht führen ließ, verstolperten wir den
Tanz mehr als das wir tanzten. Halmoni jedoch
hatte Freude, mehrfach sang sie selbst und

tanzte wieder und wieder. Schließlich musste sich die Neunzigjährige dann doch setzen und ausruhen; der Abend neigte sich dem Ende. Auch die letzten Tanzbegeisterten hatten ein Einsehen und die Festivität wurde von der Moderatorin als beendet erklärt. Schnell leerte sich der Saal und ich fand mich im Foyer allein stehend wieder. Nuna war beschäftigt, die Ziehtochter auch. Alleine konnte ich nicht ins Hotel finden, also blieb ich stehen und wartete.

Plötzlich suchte Professor R. meine Nähe. Während des Abends hatte ich mehrfach beobachten können, wie nahezu jeder Gast, nachdem er oder sie die Aufwartungen bei Halmoni gemacht hatte, zu ihm ging, um auch von ihm wahrgenommen zu werden. Der Professor jedoch machte keine Anstalten auf irgendjemanden im Saal zuzugehen. Nun aber stand er, begleitet von seiner Ehefrau neben mir und begann ein Gespräch in englisch: „So, Sie kommen aus Deutschland!" Eine flüssige Konversation folgte und der Austausch von Visitenkarten, ich konnte die überraschten Blicke vieler der noch anwesenden Gäste spüren. Nach wenigen erfüllten Minuten verabschiedeten wir uns, der Professor mit Gattin verließ das Hotel und auch ich durfte feststellen, dass sich Nuna von allen wichtigen Persönlichkeiten verabschiedet hatte und wir im Begriff waren zu gehen. Eine kurze Umarmung zum Abschied von Halmoni, die Übergabe eines Gastgeschenkes und die Ziehtochter ließ es sich nicht nehmen, uns persönlich bis zum Taxi zu begleiten. Gekleidet im traditionellen Han-bok stand sie noch so lange am Straßenrand, bis wir sie aus den Augen verloren.

Nuna bestätigte mir, dass wir die Gelegenheit

gut genutzt hatten, um unser Anliegen zu positionieren und wir von den Gästen wahrgenommen wurden als Repräsentanten des Punggyeong Weltkulturen Vereins in Deutschland, der sich für die Belange der „Trostfrauen" intensiv einsetzt.

Am nächsten Morgen nahmen wir sehr früh den KXT-Zug um von Daegu nach Suwon zu reisen. Ein offizieller Termin beim Bürgermeister der Stadt war geplant. Pfarrer Lee und D. aus Frankfurt sollten wir wiedersehen. Pfarrer Lee und seine Friedensschmetterlings-Bewegung in Suwon ist unbestritten einer der Hauptinitiatoren im Projekt „Mädchenstatue für den Frieden", ohne sein unbeirrtes Engagement wäre „unsere" Skulptur nicht nach Deutschland gelangt.
Er holte uns am Bahnhof ab und brachte uns zum Rathaus, es war nicht mehr genug Zeit, um vor dem Treffen die „Mädchenstatue" im gegenüberliegenden Stadtpark zu besuchen, dies musste bis nach dem Mittagessen warten. Im Rat- und Stadthaus wurden wir von einer vollständig angetretenen Sekretaritäsmannschaft empfangen und das obwohl es ein Samstag war. Wenn ich mir ein Rathaus in Deutschland an einem Samstag vorstelle, dann sehe ich geschlossene Türen und leere Räume. In Korea ist Vieles anders. Beim Eintreten in den Bürobereich des Vizebürgermeisters der Stadt Suwon sprangen sämtliche Anwesende umgehend auf, wandten sich uns zu und begrüßten uns mit einer leichten Vorbeugung des Oberkörpers. Sie blieben solange aufrecht stehen, bis wir im nächsten Raum verschwunden waren. Dort, im Vorzimmer des Vizebürgermeisters boten breite und sehr bequeme Ledersessel ein weiteres Willkommen. Die weiteren Teilnehmenden waren mir persönlich

leider nicht bekannt, auch kannte ich den
Vizebürgermeister nicht, sodass ich bei jedem
neu in den Raum Eintretenden erwartete,
ebenfalls aufspringen zu müssen. Der Vorraum
füllte sich merklich, schließlich waren wir zehn
Personen, eine rege Unterhaltung hatte sich
bereits eingestellt, Visitenkarten wurden
ausgetauscht, als D. aus Frankfurt eintraf; er
hatte uns vor sechs Tagen an den Flughafen in
Frankfurt gebracht, nun war er hier in Suwon,
zur Unterstützung unseres gemeinsamen Projektes.

Unser Gespräch mit dem Vizebürgermeister sollte
die weiterhin bestehende Initiative Deutscher
und in Deutschland lebender Koreaner
verdeutlichen. Wir wollten zudem anfragen, ob es
eine Möglichkeit gäbe, uns, also der vor dem
Vizebürgermeister sitzenden Delegation ein
Mandat zu geben, sich um die Umplatzierung der
Skulptur in der Nähe von Regensburg zu kümmern;
heraus aus einem privaten, nur halbjährig und
gegen Eintrittsgeld zu betretenden Park, in eine
öffentliche Anlage einer Großstadt Deutschlands.
Als wir das weitläufige Zimmer des
Vizebürgermeisters betraten und ich den großen
Rundtisch wahrnahm, an dem problemlos vierzehn
Personen Platz fanden, raunte ich Nuna zu, dass
ich mit all ihren Ausführung einverstanden sei.
Sie mir keine zeitraubenden Übersetzungen der
einzelnen Wortbeiträge geben möge, sondern, wenn
überhaupt, nur kurze Zusammenfassungen
wesentlicher Passagen, insbesondere des
Vizebürgermeisters. Sie könne meine Position,
die ihr ja nahezu wortwörtlich bekannt ist, ohne
Rücksprache ins Gespräch einzubringen. Sollte
ich jedoch direkt angesprochen werden, dann
würde ich um Übersetzung bitten. Während der nun
folgenden Stunde gab es einen intensiven und

achtsamen Gedankenaustausch, Nuna fand weder die Zeit, noch schien es notwendig zu sein, mich ins Gespräch mit einzubeziehen oder mir Inhalte zu übersetzen. Ich saß also in dieser Runde, schaute mir die Teilnehmer an, wunderte mich über den großen Schienennetzplan, der vor dem Vizebürgermeister lag und folgte mit höflicher Aufmerksamkeit, ohne auch nur ein Wort zu verstehen der ruhig laufenden Diskussion. An einem Punkt spürte ich eine Zäsur, offensichtlich waren die unterschiedlichen Positionen ausgetauscht, der Stimmung nach war aber keine Entscheidung getroffen worden, die nun ein unmittelbares Handeln folgen ließe. In diesem Moment ergriff ich das Wort und sprach in einer zusammenfassenden Kurzrede nochmals von der internationalen Bedeutung des Themas der Sexsklaverei im Krieg. Ich führte aus, wie wichtig die Platzierung der Mädchenstatue in Deutschland sei und welche Hilfestellung die Skulptur einnimmt in der grundlegenden Diskussion um die Einhaltung der Menschenrechte, die Gleichberechtigung von Mann und Frau, dem Thema; Ein NEIN ist ein NEIN und die #metoo-Bewegung. Ich hatte das Gefühl, der Vizebürgermeister hörte interessiert meinen Ausführungen zu und glaubte in seinem Gesicht ablesen zu können, dass ich ihm sowohl eine Erweiterung des Trostfrauen-Themas darlegte als auch seine Wahrnehmung über die bilaterale Korea-Japan-Problematik hinaus auf eine globale Bedeutung des Themas lenkte. Damit, so glaubte ich zu erkennen, erhielt die scheinbar so kleine Skulptur eine Präsenz und Inhaltsschwere, die sie für den Vizebürgermeister bisher nicht besass. Sehr freundlich und herzlich fielen dann auch seine Abschlussworte aus, die zu dem obligaten Fototermin und dem Austausch von

Gastgeschenken führte. Leider ging dieser Termin
ohne die Übergabe eines konkreten
Handlungsmandates für unsere Delegation zu Ende.
Wir wurden noch zu einem Mittagessen in ein
nahegelegenes Restaurant eingeladen. Dort saßen
wir gemeinsam an einem langen Tisch in einem
Separee, der Vizebürgermeister bat mich, ihm
gegenüber Platz zu nehmen. Nuna hatte ich an
meiner Seite, so konnten wir zumindest im
Smalltalk noch einiges austauschen, über meine
Arbeit als Kunsthistoriker im allgemeinen und
meine Tätigkeit als Director of Art für das
Projekt der Mädchenstatue im Punggyeong Verein.

Anschließend nutzten D., Pfarrer Lee, Nuna und
ich die Gelegenheit und suchten die Skulptur der
Mädchenstatue im Stadtpark vis-a-vis des
Rathauses auf. Dieser Stadtpark in der Größe
zweier Fußballfelder mit viel Grünfläche bot
mehreren Skulpturen Platz. Die Mädchenstatue war
also kein herausgehobenes Denkmal, sondern eines
unter vielen in diesem Park. Insgesamt fällt die
hohe Frequenz von Statuen und Denkmalen in Korea
auf, durchaus vergleichbar mit der
Denkmalsinflation im Deutschen Kaiserreich
zwischen 1871 und 1914. Kunst am Bau und
Skulpturen im öffentlichen Raum sind im
aktuellen Korea allgegenwärtig; ist also im Land
der Morgenstille keine Besonderheit.

Vom Rathaus aus brauchten wir lediglich die
Strasse, jeweils dreispurig pro Fahrtrichtung,
zu überqueren, schon leitete uns ein
Hinweisschild in Richtung Statue. Der kleine
Stadtpark war wunderschön angelegt, mit weich
gewundenen Wegen die den Park durchzogen und in
mehreren Kreuzungsbereichen zu kleinen, offenen
Plätzen zusammentrafen. Bepflanzt waren die

Grünflächen mit Büschen und Sträuchern, natürlich
mit gelb leuchtendem Gingko, rotleuchtendem
Ahorn und grünen Kiefern. Nur wenige Schritte
von der Strasse entfernt fanden wir die
„Mädchenstatue für den Frieden". Auf einem
großformatigen, in acht Segmente aufgeteilten
Granitpostament ist die Bronzestatue montiert.
Wie immer sitzt sie ruhig und gelassen auf ihrem
Bronzestuhl, neben sich der leere Bronzestuhl,
zu ihren Füßen, rechts und links je eine
Schrifttafel. Weiterführende Informationen zur
Geschichte, Entstehung und zur Deutung der in
der Skulptur verwendeten Symbole hält eine
große, hölzerne Tafel ganz in ihrer Nähe bereit.
Diese Tafel ist zwar ganz in ihrer Nähe
aufgestellt, jedoch so weit, respektvoll
entfernt, dass sie den ruhigen Gesamtanblick der
Statue nicht verstellt oder gar stört. Am
heutigen Samstag fanden sich Mädchenschuhe,
weiße, weiche Ballerinas, neben den Füßen der
Statue, als ein Zeichen der Unterstützung und
der Anteilnahme, abgelegt und als Geschenk von
Passanten, die um die Bedeutung des Denkmals
wissen. So, als ob sie der Statue Schatten
spendet, steht eine große Kiefer neben der
Statue, gleich einem Wächter über ihr
Wohlergehen. Eine wirklich ehrerbietende
Aufstellung erhielt die „Mädchenstatue für den
Frieden" hier in der Stadt Suwon. Pfarrer Lee´s
Freude über die Gesamtsituation und unsere
Anerkennung seiner Bemühung war deutlich in
seinem vor Freude strahlenden Gesicht abzulesen.
Mit Stolz erfüllt ließ er sich vor und mit dem
„Mädchen" ablichten und bat auch uns wieder und
wieder, mit ihm und der Statue für Fotos zu
posieren.

D., der offensichtlich zum ersten Mal in der
Stadt Suwon zu Besuch war, zeigte seine
Begeisterung, die mehr und mehr anwuchs, als wir
ihm kurz von der großartig restaurierten
Stadtmauer erzählten, die wir zwei Tage zuvor
bei Nacht begehen durften. Seine Neugierde war
sofort geweckt und er trennte sich von unserer
Reisegruppe, um die nächsten Stunden mit der
Begehung der die Innenstadt umschließenden
historischen Stadtmauer zu verbringen. Pfarrer
Lee hieß uns nun schleunigst in sein Auto
einsteigen, er wußte um den immer dichter
werdenden Strassenverkehr und unsere Weiterfahrt
Richtung Seoul würde wohl länger dauern als
zunächst eingeplant. Ein zumindest ungefähr
pünktliches Eintreffen an unserem für den
Nachmittag angesetzten Treffpunkt wäre
wünschenswert, zumal gleich vier Personen dort
auf uns warten würden.

Wie vorhergesagt, der Verkehr wurde dichter und
dichter. Unser Ziel war das National Museum of
Modern and Contemporary Art (MMCA), das 1986 in
Gwacheon, einem südlichen Vorort von Seoul,
eingeweiht wurde. Dieses Museum war mir von
einer früheren Reise bekannt, um so mehr freute
ich mich darauf, einen mir bekannten Ort wieder
zu sehen; noch mehr jedoch freute ich mich auf
das Wiedersehen mit dem Künstlerehepaar: Kim
Seo-kyung und Um-seong. Beide wollten im Museum
auf uns warten und uns nach einer Besichtigung
zu unserem Hotel in der Innenstadt von Seoul
fahren. Von Anfang an hatte ich ja das
Organisationstalent von Nuna bewundert, sie
brachte es tatsächlich fertig, mehrere Menschen
so passend zu organisieren, dass wir quasi von
einer Hand in die nächste Hand übergeben wurden.
Jeder der in diese Tour de Corée involvierten

Personen vermittelte mir dabei das Gefühl, dass
sie mit Freude und Interesse diesen Touristen-
und Fahrdienst ausfüllten; sie gaben sich nicht
nur Mühe bei der Auswahl der zu besichtigenden
Orte, sondern wählten auch mit Bedacht die
Restaurants und das Essen aus, ertrugen die
Widrigkeiten des Verkehrs und suchten, soweit
dies die gegenseitigen Sprachkenntnisse
erlaubten, den Gesprächsaustausch.

Ob wir pünktlich oder verspätet am Museum für
Zeitgenössische Kunst eintrafen oder nicht,
konnte ich nicht beurteilen. Überrascht war ich
jedoch darüber, dass sich um das weitläufige
Gelände herum ein riesiger Freizeitpark mit
einem integrierten Zoo etabliert hatte; weder
der Zoo noch der Freizeitpark waren bei meinem
ersten Besuch vorhanden. Die immense Größe des
Parks hatte zur Folge, dass sowohl die Fahrt der
letzten Kilometer, wie auch die Parkplatzsuche
zu einem größeren Problem wurde. Via Handy
verständigten wir uns dann mit allen beteiligten
Personen auf einen Treffpunkt nahe des Autos des
Künstlerehepaares. So konnten wir, Nuna und ich,
die sperrigen Koffer umladen und Pfarrer Lee
brauchte nicht noch mehr Zeit mit Parkplatzsuche
im Stau zu verschwenden. Genauso herzlich wie
die Verabschiedung von Pfarrer Lee gestaltete
sich die Begrüßung mit dem Künstlerehepaar,
einem früheren Schulfreund von Nuna, Herrn Park
und der Tochter der Freundin U. von Nuna. Die
Tochter, I., entpuppte sich für mich als wahrer
Glücksfall. Die studierte Biologie an der
renommierten EWHA Womans-Universität in Seoul
und sprach ein Englisch, das ich problemlos
verstehen konnte, sie war an Kunst interessiert
und hatte Zeit und Lust, uns an diesem
Wochenende zu begleiten. So war Nuna als

Dolmetscherin entlastet, sie konnte sich ihren
Interessengebieten widmen und ich fand mich in
der Nähe einer Studentin, die mit Freude ihre
Englischkenntnisse zum Besten gab und
erweiterte.

Das Museum of Modern and Contemporary Art hielt
für mich eine große Überraschung bereit und
sollte auch ein Highlight dieses Besuches
werden. Das Architektonische Zentrum, also Dreh-
und Angelpunkt des riesigen Museumskomplexes
bildete das – dem New Yorker Guggenheim-Museum
nachempfundene – Treppenhaus, das sich als Rampe
wie ein offenes Schneckenhaus über drei Etagen
nach oben schraubt. In der Mitte des
Treppenhauses prangt die Skulptur „The more the
better" von Paik Nam-jun im Jahr 1988
geschaffen. Kurz nach der Einweihung im Jahre
1986 wurde diese aus 1003 Fernsehbildschirmen
bestehende Pyramide im Museum aufgestellt. Der
Medienturm ist ein flimmerndes Monstrum, dessen
psychodelische Kurzfilme dem geneigten Betrachter
schnell Kopfschmerzen bereiten könnten. Diese
Pyramide galt schon damals als das Meisterstück
des „Vaters der Videokunst". Als ich nun, gut
siebzehn Jahre später wieder davor stand, waren
die Bildschirme schwarz, der Ton und das
elektrische Knistern der Braunschen Röhren
verstummt. Tot wie ein ausgestopfter Dinosaurier
ragten die 1003 Bildschirme nun in die Höhe,
kein Ton, kein Bild, nur Elektroschrott auf
einem Fleck. Gibt es ein schöneres Bild für die
Kurzlebigkeit der POP-Art oder gar die
Kurzlebigkeit von Medien und Moden? Die
Erklärung für den Stillstand, die
Betriebslosigkeit der Skulptur war ganz einfach.
Der technischen Entwicklung war es geschuldet,
dass defekte Fernseher dieser Skulptur nach und

nach nicht mehr repariert werden konnten; Ersatzteile fehlten und Techniker waren mit der veralteten Technik überfordert. So wurde aus einer kaum zwanzig Jahre alten, der Technik huldigenden Skulptur ein Vanitassymbol par excellance.

Das eigentliche Highlight aber war das Zusammentreffen mit Kim Seo-kyung und Kim Un-seong. Diese beiden, so herzlichen und so talentierten Künstler hatte ich zuvor in Regensburg erstmals kennenlernen dürfen und dann in Hamburg wiedergesehen. Diese beiden Male jedoch nur kurz und immer eingebunden in repräsentative Aktivität. Nun waren wir für mehrere Stunden auf engstem Raum zusammen. Im Museum nutzte ich sofort die Zeit und fragte nach den persönlichen Vorbildern, nach Künstlern, die beide als Inspiration für ihre Arbeit ansehen, in deren Nimbus sie sich befinden. Zu meiner Überraschung fiel sofort der Name von Käthe Kollwitz. Und anschließend führten Sie mich zu einer Wand in der ersten Etage des Museums, das den Künstlern der Minjung Art gewidmet war. Angesichts dieser kraftvollen Bildsprache, die ich dort wahrnehmen durfte wurde mir die Verbindung und Verbeugung vor Käthe Kollwitz sofort einsichtig.

Nach gut zwei Stunden beendeten wir den den Besuch des Museum und machten uns auf den Weg, die 20 Kilometer ins Zentrum von Seoul mit dem Auto zurückzulegen. Weitere zwei Stunden später waren wir dann auch am Hotel angekommen. Das Verkehrsaufkommen um und in Seoul war an diesem Samstagabend – wie nahezu an jedem Abend – derartig hoch, dass wir nur im Schneckentempo vorankamen. Glücklicherweise wurde unsere Laune

weder von der Enge im Innenraum des Autos, ich
durfte als Beifahrer vorne sitzen, noch vom
schier endlosen Stau getrübt. Dem
Navigationssystem mehr oder weniger vertrauend
und folgend gelangten wir am Zielort an,
checkten im Hotel Shilla Stay Gwanghwamun ein
und trafen uns in einem nahegelegenen
Restaurant, dessen Spezialität Kalbi also
Schweinebauch auf einem Grill zubereitet war.
Das Essen war herrlich rustikal und schmackhaft.
Wir hatten weiterhin viel Spaß miteinander und
ich lernte die Übersetzungskünste von I. mehr
und mehr schätzen. Beim Abschied fragte ich sie
unverhohlen, ob sie uns auch am kommenden Tag,
am Sonntag begleiten könne, mich zumindest würde
es freuen, Nuna entlasten und möglicherweise
würde sie im „House of Sharing" auch etwas
lernen. I. wollte sich nicht festlegen, auch
schreckte sie der frühe Zeitpunkt der für die
Abreise von Nuna festgelegt war. So ließen wir
diesen Punkt offen. Auch die Verabschiedung von
Kim Seo-kyung und Kim Un-seong war herzlich. Da
ich davon ausging, dass wir uns wieder und
wieder sehen werden, winkte ich ihnen ohne
Wehmut, aber mit großer Dankbarkeit nach.
Ein kurzer Spaziergang um den Hotelblock sollte
die Ereignisse diesen Reisetages abrunden, ich
prägte mir verschiedene Hochhaussilhouetten ein
und marschierte los. Eine Straßenzeile, deren
Läden, Geschäfte und Restaurants hell erleuchtet
waren erregte meine Aufmerksamkeit, doch
schreckte mich der Lärm und die Unmengen an
Menschen ab. Stattdessen sah ich einen kleinen,
traditionellen Tempel. Ich beschloß, in der Ruhe
der Tempelanlage ein wenig zu meditieren und den
Tag Revue passieren zu lassen. Um den Weg
abzukürzen, überstieg ich eine niedrige
Balustrade und musste feststellen, dass ich mit

dem Übersteigen einen Alarm ausgelöst hatte. Ein Sirenenton heulte auf, ein Lichtkegel tauchte mich in gleißendes Licht und schon stand Wachpersonal unmittelbar vor mir. Als ich das Missgeschick begriff, dass ich begangen hatte, kramte ich als mein vorhandenes Koreanisch hervor, was ja nun nicht gerade viel war und versuchte mit Händen und Füßen erkenntlich zu machen, dass ich nicht in böser Absicht, sondern bloß aus Neugierde gehandelt hatte. Ich wollte auch sogleich wieder über die Mauer zurück klettern. Der Wachmann schien mich zu verstehen, verhinderte aber meine neuerliche Kletteraktion, er öffnete ein niedriges Gatter und schob mich aus dem Areal der Tempelanlage hinaus. Nun, um eine Erfahrung reicher, lenkte ich meine Schritte zurück ins Hotel, welches ich auch ohne Probleme sofort fand. Mein Zimmer lag im vierzehnten Stockwerk mit einem beeindruckenden Blick auf die Lichter der Metropole, etwas entfernt neu errichtete, moderne Hochhäuser, direkt unter mir aber, auf der gegenüberliegenden Strassenseite, mehrere alte, niedrige Häuschen, fast schon Baracken; welch´ ein spannendes Zusammenspiel von alt und neu, so nahe bei einander.

Der nächste Morgen begann mit einem Zusammentreffen in einem nahegelegenen Kaffeehaus südamerikanischer Art. Und nicht nur der ehemalige Schulfreund, U., sondern auch Nuna und, sehr zu meiner Freude, Nunas Freundin mitsamt ihrer Tochter fanden sich ein. Ich musste leider hören, dass beide, Mutter und Tochter zur Zeit über Kreuz lagen und sie nicht miteinander sprachen. Meine Hoffnung war es nun, dass im Laufe des Tages hier eine Veränderung herbeigeführt würde. Der Tag begann also mit einem guten und starken Kaffee, dazu eine unumgängliche Süßigkeit. Als wir das Kaffeehaus verließen wunderte ich mich über die große mit Pop-Farben angemalte Skulptur vis-á-vis des Eingangs, ein dünner Mann, gut 5 Meter hoch, in weit ausgreifendem Schritt, starrt auf das Display seine Laptops, den er in der linken Hand vor sich her trägt. Er fliegt gleichsam nach vorne, der horizontal wehende Schal um seinen Hals bekräftigt diese dynamische Bewegung.

Wir stiegen in das Auto des Schulfreundes und fuhren zum „House of Sharing". Eine Autofahrt von ungefähr 90 Minuten stand uns bevor. Die Straßen Seouls, an einem Sonntagmorgen gegen neun Uhr waren vergleichen mit dem Stau des zurückliegenden Abends ausgesprochen leer. Wir fuhren in Richtung Osten auf der Südseite der Megacity, auch vorbei an der „Nadel", dem höchsten Wolkenkratzer Koreas. Schnell liessen wir die Grenzen der Metropole hinter uns, fuhren in ländliches Gebiet, dabei wurde es ruhiger und ruhiger um uns herum, die Landschaft war leicht hügelig. Schließlich war das heutige Etappenziel erreicht: House of Sharing. Eine Einrichtung zur Erinnerung an das Schicksal der im 2ten Weltkrieg von japanischem Militär entführten und in die Sexsklaverei geführten Frauen Koreas. Die Einrichtung bestand aus mehreren Zentren, dem Informationszentrum, einem Altenheim mit Hospizabteilung, einem Friedhof, einer Gebetshalle mit Museum. Die Treppen des Eingangsbereiches führten durch einen torartigen Durchbruch auf den ersten Innenhof. Dieser bietet Platz für mehrere Porträtbüsten von verstorbenen Aktivistinnen, die sich einst zu ihrer Geschichte und ihrem Schicksal öffentlich bekannt hatten und hier im Zentrum längere oder kürzere Zeit lebten. Die Büsten sind porträtähnlich gearbeitet, Inschriften geben weiterführende Informationen. Hinterfangend und in der letzten Reihe dieser Ansammlung steht die wohl erste Bronzeskulptur, die zum Thema „Trostfrauen" geschaffen wurde. Aufrecht steht sie, ein junges Mädchen mit leerem Blick, bekleidet mit dem traditionellen Han-bok. Auf ihrem Rücken sind ihre Haare zu einem dichten Pferdeschwanz zusammengeflochten. Zwischen ihren Füßen wächst aus der runden Plinthe eine einzelne Blüte hervor. Eine einzelne Blüte, die noch vor dem Erblühen steht; so, wie das Mädchen selbst. Die Skulptur wurde 1997 nach dem Bild „Unblossomed flower" in die dreidimensionale Skulptur gestaltet. Ihre gemalte Vorlage schuf Großmutter Kim Soon-duk, sie war eine der bekanntesten Aktivistinnen, die ihr Schicksal als „Trostfrau" publik machten und in der Öffentlichkeit, besonders bei den wöchentlichen Mittwochsdemonstrationen vor der japanischen Botschaft in Seoul auftraten. Ein kleinformatiges Modell der Skulptur, polychrom gefasst, steht ebenso anrührend, im Museum.

Der von einer Fachkraft geführte Gang durch das Informationszentrum kam einer Prüfung in Selbstbeherrschung gleich und war emotional äußerst anspannend. Das Leid der so vielen hunderttausenden von Mädchen und jungen Frauen wurde in diesem eigentlich sehr kleinen Dokumentationszentrum mit wenigen Originalgegenständen, einigen Nachbauten und vielen Zahlen und Texten vergegenwärtigt. Am eindringlichsten empfand ich zwei eher kleine Objekte, nach deren Wahrnehmung ich keinerlei Zweifel an der Wahrheit über die Schicksale der sogenannten Trostfrauen hegen konnte, sofern ich

jemals Zweifel hatte. Die beiden
Originalgegenstände waren: Ein Geldschein,
sogenanntes „Ghettogeld" und ein unbenutztes
Kondom, beide aus der Zeit um 1944.
Die beigegebene Information bezüglich des
Geldscheines besagte, dass die jungen Frauen in
den Militärbordellen mit Ghettogeld bezahlt
wurden. Eine Leistung, die mit einer Währung
beglichen wurde, deren Validität ausschließlich
in einem begrenzten Gebiet, dem Ghetto galt,
stigmatisierte automatisch den Besitzer und gab
ihm keinerlei Freiheit. Die irrige Vorstellung,
dass koreanische Frauen aus freien Stücken in
diese Abhängigkeit und Unfreiheit hineingegangen
seien – so wie es von der Seite der japanischen
Regierung dargestellt wird – ist nicht
nachvollziehbar.
Und weiter zum Kondom. Der Volksmund ist in
vielerlei Hinsicht entwaffnend ehrlich. So
erklärte der Informationstext zu dem Kondom,
dass die japanischen Soldaten ihre Kondome als
„Killing by first strike" bezeichneten. Sie
bezeichneten also die sexuellen Übergriffe an
Frauen und Mädchen als das erste
Tötungswerkzeug, ähnlich einem Bajonett, einer
Machete, einem Gewehr.
In einem Teil des Museum wurden die Lebenslinien
von ausgewählten Frauen auf Weltkarten
nachgezeichnet. So erhielt der Betrachter einen
Einblick in die Verschleppungswege der Frauen.
Weit weg von der eigenen Heimat, wurden sie mit
Schiff und Eisenbahn bis nach Indonesien, China,
Thailand verschleppt. Nach dem Krieg, nach der
Befreiung fanden dennoch viele von ihnen den Weg
zurück in die alte Heimat. Ich fragte mich, wie
kann ein junger Mensch, der aus einem Dorf einer
bestimmten Provinz im Alter von zum Beispiel 16
Jahren entführt und verschleppt wurde,

verschleppt in ein Land, das sechs Flugstunden
entfernt ist, wie sollte ein junger Mensch – aus
einem Land, in dem eine andere Sprache als seine
Muttersprache gesprochen wurde – nach dem
Erleiden und Erdulden schrecklicher sexueller,
psychischer und physischer Demütigungen den Weg
zurück in die Heimat finden? Die im Museum
dokumentierten Lebenslinien bewiesen, dass eine
Rückkehr möglich war.
Nach dem Gang durch das zweistöckige
Informationszentrum und das Museum, wurde uns
die Möglichkeit gegeben, einige der hier
lebenden Großmütter zu besuchen und persönlich
zu treffen. Dieser Weg in das Hospiz war nicht
leicht, denn nun kamen wir mit Menschen in
Kontakt, deren Lebenslicht sich gegen das Ende
neigte, die bereits dement und verwirrt waren,
manche bettlägerig. Großmutter A. saß in dem
Besuchervorraum und begrüßte uns freudig. Sie
war es gewohnt, dass täglich bis zu einhundert
Menschen zu ihr und zu den anderen Großmüttern
kamen. Sie war es gewohnt, dass Besucher und
Besucherinnen ihr ihre Aufwartung machten und
sie im Mittelpunkt der Aufmerksamkeit stand. Wir
setzten uns zu ihr, übergaben einige Geschenke
und hörten ihr zu. Sie berichtete davon, dass
sie im Krieg gekämpft hatte, eine Wunde davon
getragen hatte, direkt an der Schläfe, die Wunde
konnte sie uns zeigen. Dann wirkte sie erschöpft
und müde, nach einer kurzen Pause begann sie
erneut zu erzählen, dass sie im Krieg gekämpft
hatte. Wir gingen weiter uns besuchten
Großmutter C. in ihrem Zimmer. Sie saß auf ihrem
Bett, der Fernseher lief. Sie entschuldigte
sich, dass sie nicht aufstehen könne, um uns zu
begrüßen, doch Nuna fand die richtigen Worte,
sie lobte Großmutter und führte ein längeres
Gespräch mit ihr, geleitet durch die vielen

Erinnerungsobjekte in dem kleinen Zimmer der Großmutter. Ein weiterer Besuch führte uns zu der bettlägerigen Großmutter K., hier jedoch musste ich abbrechen. Gemeinsam mit dem Schulfreund, setzten wir uns in den Wartebereich des Hospiz und versuchten durch eine einfache und beiläufige Konversation die aktuellen Wahrnehmungen zu verarbeiten. Schließlich kamen Nuna und ihre Freundin samt Tochter wieder zu uns. Wir verabschiedeten uns von den vielen freundlichen und zu jeder Auskunft bereiten Mitarbeitern der Zentrums.

Der weitere Weg führte uns zu einem Spezialitätenrestaurant, die Servicekräfte bereiteten für uns frisch gefangenen, jungen Aal auf dem Tischgrill über Holzkohle zu. Ein wahrer Gaumenschmauss und eine willkommene Ablenkung.

Mit dem Auto ging es zurück nach Seoul. Wir wollten die „Mädchenstatue für den Frieden" aufsuchen, die im Zentrum der Stadt in unmittelbarer Nähe der Botschaft Japans seit dem 14. Dezember 2011 stand.

Nuna und ihr Schulfreund waren sich nicht ganz sicher, wo genau die Statue ihren Platz gefunden hatte, deshalb fragten beide mehrfach junge Polizisten die in kleinen Gruppen auf den Straßen patroullierten und an Hauseingängen standen, was ein deutliches Indiz dafür war, dass wir uns in der Nähe eines Botschaftsgebäudes befanden. Wir folgten den Hinweisen und standen dann wirklich vor der „Mädchenstatue für den Frieden". Ich war ein wenig erschrocken, denn die Statue war nicht wirklich sichtbar, sie wirkte auf mich eher versteckt und vollständig untypisch in ihrer

Platzierung. Während alle, wirklich alle anderen Skulpturen im öffentlichen Raum Seouls auf einem herausgehobenen Platz stehen, zumindest auf einem Sockel, also erhöht und auch aus der Ferne sichtbar für die Passanten, so ist die „Mädchenstatue" auf ebener Trottoirhöhe am Fahrbahnrad des Fußgängerweges regelrecht abgestellt. Erst in unmittelbarer Nähe der Figur stehend, ist es möglich, sie wahr zu nehmen. Hinzu kam, dass eine niedriges Mehr-Personen-Zelt unmittelbar links der Skulptur aufgeschlagen war. Durchsichtig war die Zelthülle, so konnte man ins Innere schauen und dort vier junge Menschen sehen, die, so wurde mir erklärt, einen vierundzwanzigstündigen Wachdienst versähen. Eine Wache, die durch ihre bloße Präsenz dafür sorgte, dass keine Übergriffe gegen die Skulptur geschehen sollten. Das Zelt jedoch, dessen Höhe die gleiche Firsthöhe wie der Scheitel der Mädchenstatue hatte, verdeckte die Sicht auf die Skulptur vollständig, wenn man sich von nördlicher Seite näherte, von Süden kommend lenkte die Zeltfolie den Blick von der Skulptur ab und man glaubte eher einen Müllhaufen zu sehen, als sich einer wichtigen Skulptur zu nähern. Vor der Mädchenstatue befanden sich kleine Bronzeplaketten auf den begrenzenden Bordsteinen. Hinter der Statue waren gelbe Schmetterlinge an der niedrigen Einfriedungsmauer des angrenzenden Hochhauses angeklebt. Und rechts von der Mädchenstatue stand ein uniformierter Polizist, der als Wache fungierte. Zum Schutz der Statue? Seine Funktion war mir nicht ganz klar, denn als ich mich auf den leeren Bronzestuhl für ein Dokumentationsfoto setzen wollte, hielt er mich mit Worten und einer leichten Berührung an der

Schulter zurück. So entstanden nur Fotos, die uns hinter der Skulptur zeigten. Wir hatten somit den gleichen Blick wie die Statue und schauten auf die gegenüberliegende Strassenseite, dort standen zwei Mannschaftsbusse der Polizei, mit laufendem Motor, wohl 24 Stunden, sieben Tage; jederzeit bereit, Polizisten aufzunehmen und loszufahren. Die Abgase wurden mit Schläuchen, die an den Auspuffen befestigt waren in die Kanalisation abgeleitet. Wiederum hinter den Mannschaftsbussen war eine gut fünf Meter hohe weißgetünchte Mauer, die den Blick auf das dahinter liegende Grundstück versperrte, davor eine Maschengitterzaun bekrönt von Stacheldraht. Auf diesem, so eingefriedeten Grundstück stand bis vor wenigen Jahren das Gebäude der japanischen Botschaft.

Die „Mädchenstatue" saß der Botschaft so klein und unscheinbar gegenüber, das sich mir der Vergleich mit dem spanischen Helden Don Quijote aufdrängte. Genauso wie Don Quijote gegen Mehlsäcke, Löwen in Käfigen und natürlich gegen Windmühlen kämpfte, so wirkte für mich die unbeirrte, die an Wahrheit und Gleichheit unabdingbar glaubende „Suri", die nur durch ihr Sein, ihr ruhiges Sitzen für ihre Werte, für Gerechtigkeit einsteht, nein: sitzt!

Während der gut dreißig Minuten, die wir bei der Mädchenstatue verbrachten, kamen immer wieder Passanten, die ihren Weg gezielt dorthin gerichtet hatten, dazu. Sie machten Fotos, einige berührten die Bronze, manche legten Blumen nieder.

Als wir am Aufbrechen war, schaute ich mich
nochmals in der näheren und weiteren Umgebung
um, und musste plötzlich laut auflachen, was
einige Passanten, Nuna, Herrn Park und den
Polizisten sichtlich irritierte. In einer
Entfernung von vielleicht zweihundert Metern
erkannte ich die polychrome Skulptur des
gehetzten Laptopträgers, die meine
Aufmerksamkeit am Vormittag bereits auf sich
gezogen hatte. Ich fragte Nuna und Herrn Park,
in Richtung der Statue deutend, ob das dort
nicht das Kaffeehaus sei, in dem wir vor wenigen
Stunden den Tag begonnen hatten, und warum wir
nicht schon am Vormittag die Mädchenstatue
besucht hätten? Beiden war diese Entdeckung
sichtlich unangenehm, doch es zeigte, wie
unscheinbar die Statue platziert ist, für
diejenigen, die sie suchen müssen. Für
diejenigen, die den Ort kennen, war und ist der
Platz jedoch herausragend und von symbolisch
hoher Qualität.

Da es immer dunkler wurde, brachen wir diesen
ersten Besuch ab, gingen noch in eines der
vielen Restaurants, im nahegelegenen ehemals
sehr berühmten Künstler- und Touristenviertel
Insadong. Dort fanden wir ein ruhiges Restaurant
das im Souterrain gelegen war, wir schlossen den
Tag mit dem Abendessen ab. Nuna und Herr Park
brachten mich zum Hotel, da Herrn Park´s Auto
dort in der Tiefgarage parkte. In meinem Zimmer
angekommen saß ich noch lange am Fenster und
blickte auf die Lichter der Großstadt, dies war
beruhigender und spannender als das, was die
vielen Kanäle im Fernseher zu bieten hatten.
Morgen sollten wir den Foreigner Cemetery und
dort die Grabstätte von Franz Eckert besuchen,
das sollte für mich ein Wiedersehen mit einem

Projekt sein, dass ich 1998 begann und 2003 abschloss. Ausserdem stand ein Interview mit einem Zeitungsreporter bevor.

Den nächsten Morgen nutzte ich, nach dem ich das Frühstück übersprungen hatte, um sehr früh einen ersten Spaziergang durch die Umgebung und hin zum ehemaligen Königspalast zu unternehmen, den Gyeongbokgung, der Name bedeutet: „Strahlende Glückseligkeit". Das Wetter war traumhaft, der Himmel hellblau und nach wenigen Gehminuten stand ich zwischen der Statue des Generals Yi Sun-sin – der koreanische Marineadmiral trug im ausgehenden sechzehnten Jahrhundert wesentlich zur Abwehr der japanischen Invasionsversuche bei –, dem Gebäude das die japanische Botschaft beherbergte und dem Königspalast. Magnetisch zog mich die Architektur des Palastes an. Allein die Einbettung in die umliegende und hinterfangende Landschaft ist, nach meinen Kenntnissen der Feng-Shui-Lehre, großartig gelungen. Aus der Innensicht des Palastes findet sich rechter Hand die Bergkette des ruhenden Tigers, linker Hand der liegende Drache, im Hintergrund thront schützend ein hoher Bergkegel, die wachende Schildkröte; vorne befindet sich ein freier Platz, dann der Min Tang. Vor dem Haupttor schützen je ein Wasserdrache links und rechts den Palast vor den Gefahren der Wasserquellen der fernen Berge. Und noch etwas weiter vor dem Tor findet der schützende Phönix seinen Platz. Alle Elemente sind in perfekter Harmonie arrangiert. Dieser Königspalast aus der Zeit der Joson-Dynastie, um 1395 n.Chr. fertiggestellt, ist ein vorzügliches Beispiel einer aussergewöhnlichen Architektur die im Sinne des Feng-Shui geplant, gebaut und umgesetzt wurde. Seine hohe energetische Qualität wirkt heute noch. So zumindest empfand ich diesen Ort. Und wahrscheinlich auch all jene tausende von Besuchern, die täglich zum und in den Königspalast strömen.

Doch dann war es schon wieder Zeit, den Ort zu verlassen und zum Treffpunkt für das Interview zu gehen. In der neutralen Atmosphäre eines Cafés trafen Nuna und ich auf Herrn C. Das nun folgende Gespräch lief ruhig und sachlich ab. Nuna übersetzte sehr gewissenhaft, fragte nach sowohl bei Herrn C als auch bei mir, so dass ich den Eindruck hatte, das Wesentliche unseres Besuches wurde von dem Zeitungsjournalisten verstanden. Nach gut zwei Stunden verabschiedeten wir uns, natürlich nicht ohne noch einige Fotos vor und mit der „Mädchenstatue" aufzunehmen. Das Ergebnis dieses Treffens kam bereits am nächsten Morgen in die Druckversion der Zeitung Jewon und gleichzeitig in die Online-Version. Die ins Deutsche übersetzte Version befindet sich im Anhang.

Nuna und ich überlegten nun, was sich hinter der weißen Wand befand auf die die „Mädchenstatue" ausgerichtet ist. Leider erfolglos versuchten wir in einige der angrenzenden Hochhäuser zu gelangen, um aus der Höhe des vielleicht dreizehnten oder fünfzehnten Stockwerks einen Blick in die vermeintliche Baugrube zu erhaschen. Da jedoch die Personen, die wir ansprachen weder unser Anliegen verstehen wollten, noch uns unterstützend helfen wollten, brachen wir nach einiger Zeit diesen Versuch enttäuscht ab.

Mit der Vorstadt-Bahn fuhren wir zum Foreigner Cemetery. Mein dortiges Anliegen war es, den

Grabstein, die Grabstele des kaiserlichen Hofmusiker Franz Eckert zu sehen. Bei meinem ersten Besuch auf diesem Friedhof war ich auf der Suche nach historischen Verbindungen zwischen Deutschland und Korea, die ich an Einzelbiografien festmachen konnte. Bei dieser Recherche traf ich auf Franz Eckert. Er, der 1852 im Deutschen Reich geboren wurde, arbeitete sich fleißig zum Militärkapellmeister hinauf und man darf in ihm den Pionier sehen, der als erster westliche Musik, westliche Notation und westliche Musikinstrumente zunächst nach Japan und dann an den koreanischen Hof brachte. Er komponierte die erste japanische Nationalhymne und später die erste koreanische Nationalhymne. Bis zu seinem Tod 1916 lebte er in Korea. Sein Grabstein wurde im Bruderkrieg beschädigt und als ich 1998 erstmals vor dieser beschädigten Grabstele stand, fasste ich den Wunsch, diese restaurieren zu lassen. Zurückgekehrt nach Deutschland fand ich in meinem Freund Axel Richter, den Bildhauer und Unterstützer, der ein Porträtplakette von Eckert in Bronze fertigte. Diese Plakette übergab ich bei meinen nächsten Besuch 2003 an den damaligen Botschafter der Bundesrepublik Deutschland, der mir versicherte, sich um die Anbringung derselben zu kümmern. Jahre später erhielt ich von einem befreundeten Koreaner ein Foto das tatsächlich die mit dem Porträtmedaillion versehene und wiederhergestellten Stele zeigte. Heute konnte ich mich aber endlich persönlich davon überzeugen, dass mein kleines Projekt abgeschlossen war. Mit meinem Besuch bildete ich einen Ringschluss. Ein Ringschluss der mich dann im Gespräch mit Nuna auf eine weiterführende Idee brachte: Wir sollten eine Reiseaktion starten. Jede Statue, jedes Denkmal das zur

Erinnerung und zur Mahnung an das Leid der sogenannten Trostfrauen im Asia-Pazifischen Raum errichtet wurde, sollte von uns in einer Weltreise besichtigt werden. So würde ein roter Faden über den Globus gelegt, der durch unser Tun all´ diese Orte miteinander verbindet. Diese Reise müsste durch Ground-funding finanziert werden und die gesamte Aktion im sozialen Netzwerk parallel, also zeitgleich transportiert werden.

Da wir auf dem Friedhof weiter nichts mehr tun konnten, ausser das eine und das andere Foto zu schießen, fuhren wir wieder in die Innenstadt, um dort ein verspätetes Mittagessen einzunehmen, schließlich noch einen Kaffee zu trinken. Um diesen, meinen letzten Tag in Seoul – am nächsten Morgen ging die Reise schon wieder Richtung Heimat, also nach Frankfurt – noch in Ruhe ausklingen zu lassen, verabschiedete ich mich von Nuna und schlenderte ziellos durch die angrenzenden Strassen, dabei schaute ich in verschiedene Geschäfte, besonders das ehemals berühmte Insa-dong bot mir eine reichhaltige Abwechslung von reinen Touristengeschäften, aber auch kleineren Kunstgalerien und immer wieder Restaurants. Die Zeit verging schnell, die Dunkelheit brach herein und ich suchte mein Hotelzimmer auf. Wieder saß ich lange am Fenster, packte schließlich meinen Koffer und verbrachte die letzte Nacht in Seoul.

Zu meiner großen Überraschung wartete am nächsten Morgen Nuna an der Hotelrezeption auf mich. Zwar hatten wir am Tag zuvor den genauen Ort der Bushaltestelle herausgefunden, jenes Expressbusses, der mich vom Hotel zum Flughafen bringen sollte, doch verbot es ihre koreanische

Seite, mich alleine zum Flughafen fahren zu
lassen. Sie brachte mich schließlich bis zu den
Sicherheitskontrollen. Neben der angenehmen
Begleitung hatte ihre Anwesenheit den großen
Vorteil, dass wir in einem Zeitungskiosk die
tagesaktuelle Ausgabe der Jewon-Zeitung kaufen
und dort unseren Artikel auffinden konnten. Nuna
überflog die Zeilen und lächelte zufrieden. Nun
konnte sie mich beruhigt in den A380 nach
Frankfurt zeihen lassen.


## Rückschau und Ausblick

Wieder zurück in meiner Heimat, sehe ich mich
bestätigt in der Brisanz und Dringlichkeit des
Projektes „Mädchenstatue für den Frieden".
Natürlich, dies ist nur ein Projekt unter
vielen, jedoch, wir können uns nicht zerteilen,
wir können aber unsere Kräfte dort einsetzen, wo
wir etwas erreichen können. Das Thema
Zwangsarbeit, Prostitution allgemein,
Menschenhandel, Kriegsführung, Entführung,
Genitalverstümmelung, Terror,
Umweltverschmutzung, Vereinsamung ... es gibt so
viele Gebiete auf denen wir tätig werden sollten
und müssen. Aber mit Hilfe des Projektes der
„Mädchenstatue" wird zumindest als pars pro toto
ein Thema explizit angesprochen. Und über das
Wahrnehmen und Annehmen kann Sensibilität in den
Betrachtern ausgelöst werden, die zunächst um
das spezielle und vorgefundene Themengebiet
kreist. Einmal jedoch sensibilisiert, werden die
Betrachter und dann Berührten nicht mehr
teilnahmslos an weiteren Themen, Problemen,
Krisen dieser Welt, dieser Menschheit
vorbeigehen können. Einmal berührt, wird der

Wunsch, zu verändern, zu verbessern, etwas zu tun als Same gesetzt sein. Die Vereinsmitglieder von Punggyeong e.V. in Deutschland folgen dem Ruf, Veränderungen herbeiführen zu wollen und nutzen die Statue, um Aufmerksamkeit, Wachstum und Veränderung herbeizuführen. Dass sich an diese Aktion weitere Unterstützer angeschlossen haben, die tatkräftig und mit ihrer Stimme dazu beigetragen haben, dass die „Mädchenstatue" aus den USA nach Hamburg kam, dort über sechs Wochen im Dorothee-Sölle-Haus aufgestellt war, danach weiter nach Frankfurt/Main verbracht wurde, wo sie 2019 im Haus am Dom mehrere Wochen im Foyer stand und dann – als Projekt des ASTA – 2020 auf dem Campus der Johann Wolfgang Goethe Universität aufgestellt wurde, dass ist großartig und verdient Achtung und erzeugt Dankbarkeit. Wir können sehr gespannt sein, wo die nächsten Haltepunkte der „Mädchenstatue" sein werden. Ich bin dankbar, dass ich die „Mädchenstatue" ein stückweit begleiten durfte; sie wird immer einen Platz in meinem Herzen haben.

Bleibt zu wünschen, dass die „Mädchenstatue für den Frieden" immer wieder auf unterschiedlichsten Plätzen unserer Bundesrepublik Deutschland stehen darf und Menschen unterschiedlichster Abstammung zum gemeinsamen Gespräch und zur eigenen inneren Reflexion anregen wird. Ich freue mich darüber, ein kleiner Mosaikstein dieses Projektes gewesen zu sein. Die anregenden Kontakte mit interessierten und interessanten Menschen, die ich erfahren durfte während der zurückliegenden gut drei Jahre haben mich dazu veranlasst, diese Projektbeschreibung niederzuschreiben. Dabei ging es mir darum, einen ganz persönlichen und individuellen Blick auf und in ein Projekt zu geben. Wer sich einen weit tieferen Blick in die Problematik erarbeiten mag, der möge die im Anhang angeführte Liste weiterführender Literatur durcharbeiten oder die von mir erwähnten Orte aufsuchen.

Es geht weiter! Fortsetzung folgt...

626. Material: Zeitungsartikel in Jewon, 12.
November 2018
Wir kontaktieren verschiedene Institute, um
nächstes Jahr die Friedensstaue aufzustellen Dr.
Martin Schmidt-Magin, Künstlerischer Leiter des
deutschen gemeinnützigen Vereins Punggyeong
Weltkulturen e.V.

"Ich würde gerne von ganz oben von einem
Hochhaus aus auf die Skulptur schauen. Hätten
Sie eine Idee?" Mit diesen Worten sprach der
Deutsche mich an, als wir uns am Vormittag des
12. November in einem Café in der Nähe der
japanischen Botschaft trafen. Er ist der
Künstlerische Leiter des deutschen
gemeinnützigen Vereins Punggyeong Weltkulturen,
der im letzten Jahr gegründet wurde. Der Verein
sollte im vergangenen August im Bonner
Frauenmuseum die Friedensstatue (Mädchenstatue
für den Frieden) aufstellen, aber dazu kam es
nicht. Denn das Frauenmuseum, das ursprünglich
die Aufstellung versprach, zögerte bei der
Realisierung des Projektes. Man kann nicht
ausschließen, dass bei solcher veränderten
Haltung der Druck seitens der japanischen
Regierung eine Rolle gespielt hat.

Die Friedensstatue, die in Bonn ordentlich
errichtet werden sollte, wurde als
Zwischenlösung ab dem 14. August für sechs
Wochen im Dorothee-Sölle-Haus in Hamburg
ausgestellt. Wo diese Statue im Moment ist,
wollte er nicht verraten. Er wurde während der
Ausstellung vom japanischen Generalkonsulat in
Hamburg eingeladen und ihm wurde mitgeteilt,
dass die japanische Regierung jede Form der

Aufstellung einer Friedensstatue, die an das Sexsklavereisystem der japanischen Armee im Zweiten Weltkrieg erinnert, in Deutschland ablehnt.

Was mag wohl die Rolle des Künstlerischen Leiters im Punggyeong Verein sein?
"Ich suche einen passenden Ort für die Statue. Ich kontaktiere eine Reihe von Instituten in ganz Deutschland und stelle unser Projekt vor." So Schmidt-Magin, der den Scheiterungsprozess der Friedensstatue erlebte, "Mir wurde klar, dass wir verlässliche Partner brauchen, die allen Widerständen von außen standhalten können." Auf die Frage, wann man mit der Aufstellung der Friedensstatue rechnen könne, antwortete er schlicht "Hoffentlich 2019". Auf die Frage, was die größte Herausforderung sei, erhielt man die Antwort: "Es ist die Intervention von Seiten der japanischen Regierung."

Er interessiert sich auch für den ästhetischen Stellenwert der Skulptur. Er hat vor, die Ästhetik der Statue näher zu studieren und darüber eine Monographie zu veröffentlichen. Am Samstag, dem 10. traf er sich im Koreanischen Nationalmuseum für Moderne Kunst in Gwacheon mit dem Künstlerehepaar Kim Seo Kyung und Kim Eun Sung und unterhielt sich etwa zwei Stunden lang mit ihnen. Wie er die Friedensstaue künstlerisch einschätze? "Ästhetisch ist der Wert sehr hoch. Die Form ist naturalistisch, aber zugleich befindet sie sich auf einem hohen Abstraktionsniveau. Es gibt keine übertriebenen Gesten. Auch keine tragischen oder dramatischen Elemente. Es erinnert mich an die Gelassenheit der buddhistischen Maitreya- Bodhisattva

(Koreanischer Nationalschatz Nr. 83)."

Der Kunsthistoriker promovierte an der Freien Universität Berlin im Fach Kunstgeschichte. Seine Doktorarbeit behandelte den Künstlerstreit zwischen Goethe und dem Bildhauer Gottfried Schadow in der Frage, was das Wesentliche der Kunst sei. Seit 1995 beschäftigte er sich mit Kunsthandel. Er hat auf dem Frankfurter Kunstauktionsmarkt gearbeitet und ist heute freiberuflich für Kunstberatung, Kunsthandel und Ausstellungskuration tätig. Mit etwa 20 internationalen Künstler arbeitet er intensiv zusammen.

Seit 2004 gibt er eine unabhängige Schriftreihe "REGARDEUR" heraus. Bisher wurden neun Bücher publiziert, darunter solche über Yun Yi Sang, Lee Miruk und das Goethe Denkmal in Chicago. Das zehnte Buch wird wohl von der Mädchenstatue für den Frieden (Friedensstatue) handeln.

Welches Gespräch hatte er mit dem Künstlerehepaar? "Ich fragte mich, welche künstlerischen Vorbilder sie haben und in welcher künstlerischen Bewegung sie sich in der koreanischen Kunstgeschichte befinden. Durch das Gespräch mit ihnen erfuhr ich, dass sie von der Szene der Minjung Kunst stammen und sich von den verspielten und kommerziellen Werken, die überall in der Stadt sind, klar abgrenzen. Sie sind auch sehr intellektuell."

Am Sonntag, dem 11., suchte er auch "The House of Sharing" auf und hielt sich mehrere Stunden dort auf. "Durch meinen Besuch beim House of Sharing konnte ich mein Wissen über die Geschichte vertiefen." Er fuhr fort. "Dort sah ich die Militärwährung, die nur im Lager gültig war. Das bedeutet, dass die Opfer des Systems keine Freiheit draussen hatten. Es herrschte vollkommene Unfreiheit. Auch Kondome, auf denen <Sturm Nr. 1> stand, sah ich. Sex war mit der Tötungsdelikte verknüpft."

Das letzte Mal war der Kunsthistoriker vor 20 Jahren in Korea. Die erste Mädchenstatue für den Frieden vor der japanischen Botschaft in Seoul sah er beim diesmaligen Besuch zum ersten Mal. „Ich wäre glücklicher gewesen, wenn das Mädchen an einem geräumigen öffentlichen Raum wie in Suwon wäre. Aber hier ist die Statue am Rand des Bürgersteigs, so dass Passanten sie übersehen könnten. Ich würde mich mehr freuen, wenn die Friedensstatue im Einklang mit der Umgebung oder auf einem Sockel aufgestellt wäre. "

Als Kunsthistoriker beschäftigt er sich mit dem Themenbereich "Migration". Nicht nur Migranten in Deutschland, sondern auch Deutsche, die in andere Länder umgezogen sind, wecken sein Interesse. Das führte dazu, den deutschen Komponisten Franz Eckert zu forschen, der Gimigayo, die japanische Nationalhymne in der Zeit des Imperialismus sowie die koreanische Nationalhymne des untergegangenen Kaiserreich Koreas komponierte. Chinesische Maler, die in Deutschland leben, und türkische Gebäude in Deutschland sind auch seine Interessenbereiche.

Seit wann hat er sich für die Friedensstatue interessiert?

"In einer Galerie lernte ich Eun Hi Yi, die Vorsitzende des Punggyeongs heute, kennen und wir sprachen über Lee Eungno. Nach einiger Zeit

erfuhr ich von der Geschichte der
Friedensstatue. Durch die Eckert- Forschung
wusste ich schon, dass die Beziehung zwischen
Korea und Japan sensibel war."
Er fügte hinzu: "Die Vergangenheit meines Landes
weckte auch mein Interesse an der
Friedensstatue. "Wir haben das Problem, die
Nazi-Zeit aufzuarbeiten. Kriegsverbrechen, die
das Nazi-Deutschland in der Vergangenheit
begangen hat, aufzuarbeiten, ist unsere
Aufgaben. Daher betrachte ich auch, wie die
anderen Länder damit umgehen.

Er glaubt, dass "es keine friedliche Zukunft
gibt, wenn man nicht richtig in die
Vergangenheit schaut." Wie sieht die
Vergangenheit Deutschlands aus? "Zum Glück
untersuchen wir in vielen Forschungsinstituten
objektiv Kriegsverbrechen. Die Bürger sind sich
der Verbrechen bewusst, die das Nazi-Deutschland
im Zweiten Weltkrieg begangen hat. Deutsche
können auch mitten in der Hauptstadt das
Holocaust Mahnmal stellen ",

Über einige rechtsradikale Bewegungen, die
versuchen, die Uhr der Geschichte zurückstellen,
sagte er folgendes.
"Jede demokratische Gesellschaft, in der wir
leben, kann für sich selbst sprechen. Eine
demokratische Gesellschaft sollte die verrückten
Gedanken einiger Menschen aushalten können."

Er hat auch ein Meditationslehrer-Zertifikat. "In
der heutigen Welt ermöglicht uns die Meditation
Ruhe und gibt uns die Möglichkeit, Menschen und
Kunst besser zu verstehen."

...

Weiterführende Literatur (internationale Beschlüsse, chronologisch)

30.07.2007 US-Congress-Resolution-121
H.Res.121 - A resolution expressing the sense of the House of Representatives that the Government of

Japan should formally acknowledge, apologize, and accept historical responsibility in a clear and unequivocal manner for its Imperial Armed Forces' coercion of young women into sexual slavery, known to the world as "comfort women", during its colonial and wartime occupation of Asia and the Pacific Islands from the 1930s through the duration of World War II.
12.12.2007 Entschließung des Europäischen Parlaments zu den sogenannten Trostfrauen

24.07.2017 HUMAN RIGHTS COMMITTEE
NGO Alternative Report for LOIPR on the 7th Periodic Report of Japan Related Article: Article 8 (Elimination of slavery and servitude). JAPAN On Japan's Military Sexual Slavery Issue. Women's Active Museum on War and Peace (WAM)
30.08.2018 UNO CERD 2018 C JPN CO 10-11 32238 E

07.08.2019:
https://koreaverband.de/blog/2019/08/0//friedensstatue-ausstellungen-deutschland-japan/

## Nachwort

Für die einen ist es die „Mädchenstatue für den Frieden" für die anderen das „Kriegsmädchen". Es ist traurig anzusehen, wie sich an ein und demselben Kunstwerk die Gemüter so scheiden. Und es ist nicht nur die japanische Regierung und japanische Bürger, die sich gegen die Skulptur aussprechen.
Mit der vorliegenden Beschreibung meines Weges mit der Bronzeskulptur möchte ich einen Text liefern, der es den Lesern und Betrachtern ermöglicht ein tieferes Verständnis für die Umstände zu erhalten, die zur Herstellung der Statue führten und die die Versuche der Aufstellung der Bronze im öffentlichen Raum begleiten.

Es waren nur drei Jahre in denen ich die „Mädchenstatue für den Frieden" begleiten durfte, diese jedoch waren intensiv. Und eines kann ich versprechen: Es wir weitergehen! Fortsetzung folgt ...

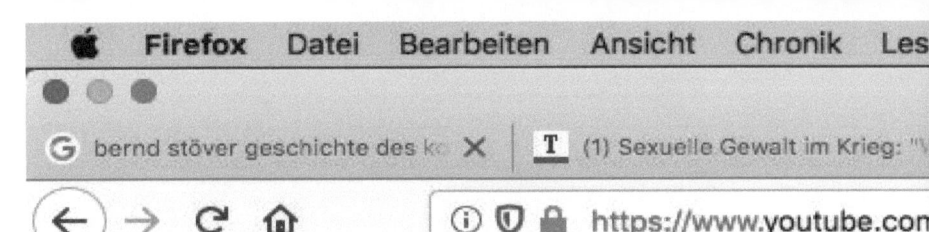

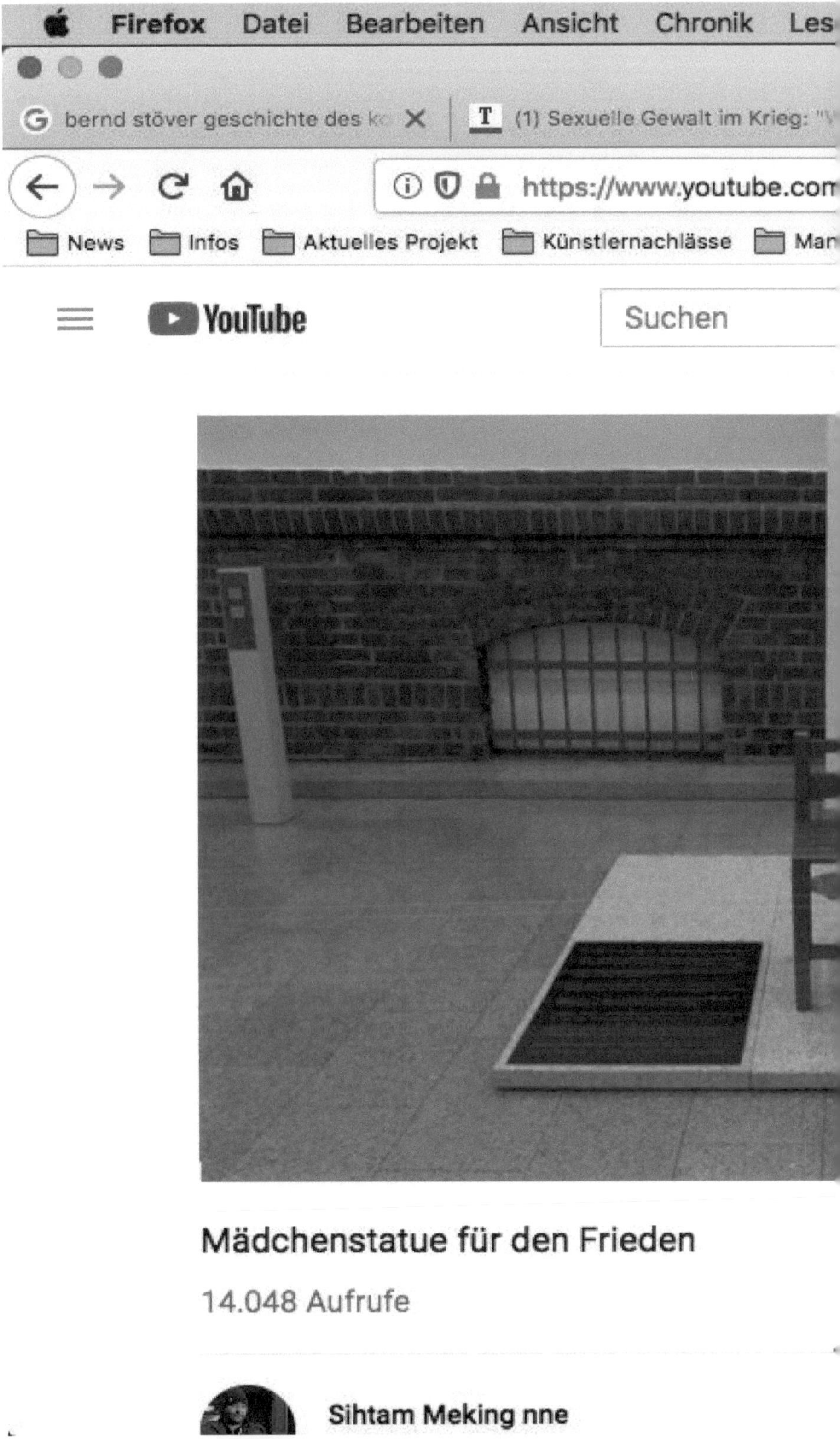

☰    ▶ YouTube                    Suchen

## Mädchenstatue für den Frieden

14.048 Aufrufe

Sihtam Meking nne

zeichen Extras Fenster Hilfe
Mädchenstatue für den Frieden - YouTube
Mädchenstatue für den Frie
watch?v=YqgFqh88sz4
skripte
Park
Medialität
Willkommen | DB IC...
Berlin 1920
4419
283
TEILEN
SPEICHERN
ABONNIEREN 285

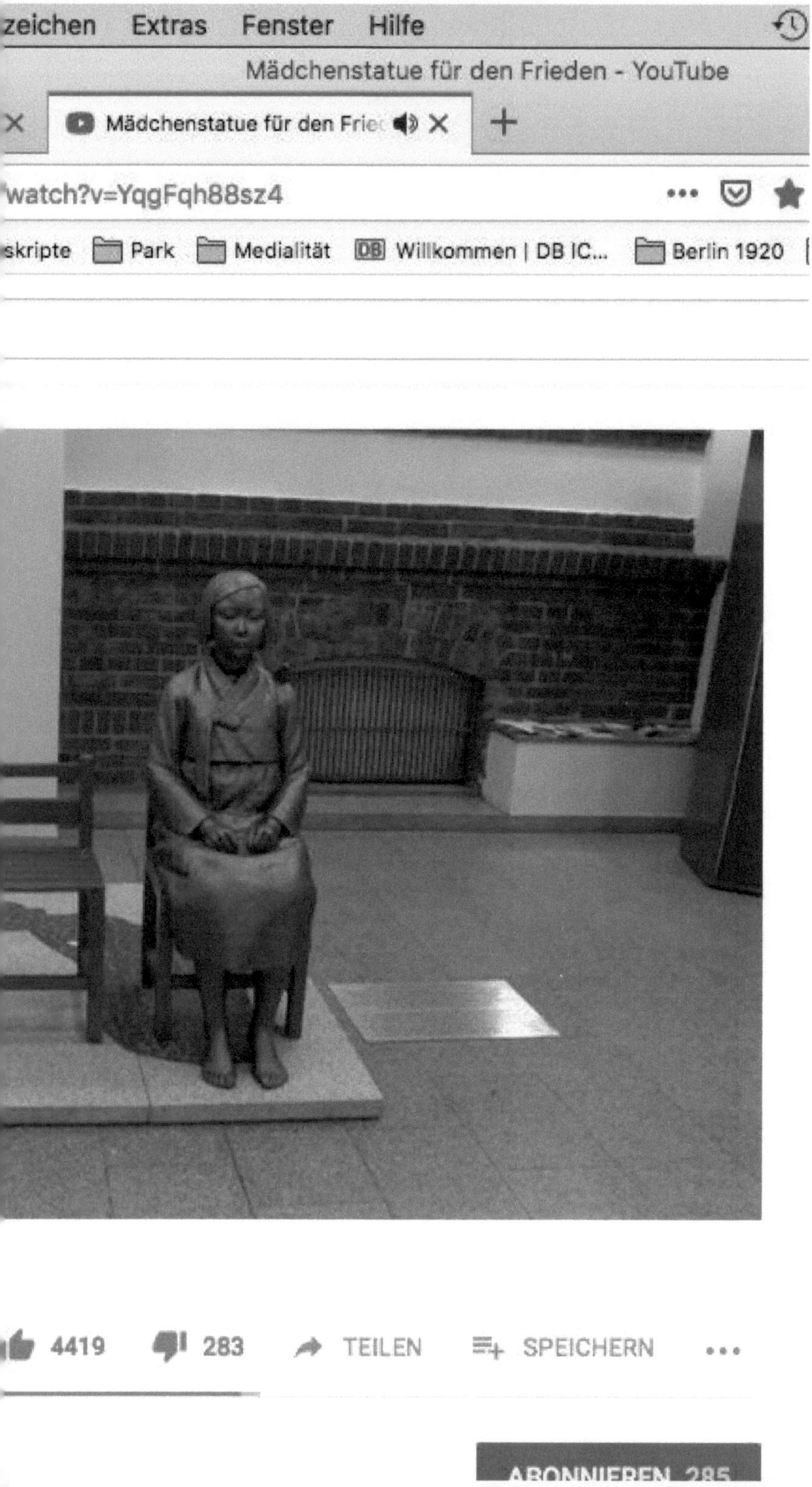

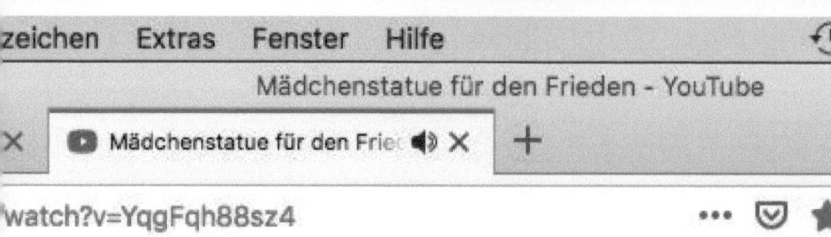

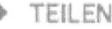

담긴 '평화의 소녀상'은
니 어머니 언니 누나 동생입니다.
건네는 모든 이에게 사랑을 일깨워주고
화를 노래하는 소녀상이기를 기원합니다.
- 대구대학교 총학생회 -

# 내년엔 소녀상 세우려 독일 여러
# 접촉중이죠"

통경

## 슈미트 예술감독

평화의소녀상 주변 건물 높은 곳에서
녀

을 내려다보고 싶어요.방법이
을까요."

2일오전서울 종로구의 주한 일본대사관
처 카페에서 만난 독일인 마르틴 슈미트
사진)가기자에게 건넨 말이다.그는 지난하
독일에 평화의 소녀상을 세우려고 동포
현지인 10여명이함께만든 공익법인 풍
(대표 이은희)의 예술감독이다.풍경은 지
8월소녀상을 본 여성박물관에 세우려 했
나 뜻을 이루지 못했다.애초 건립을 약속
박물관 쪽에서 유보적인 태도를
여서
.이런태도 변화엔 일본 정부의 압박이 있

작년 동포·현지인 풍경 만들어
독일 내 소녀상 건립 추진
지난 8월 '본박물관'건립 무산
"최대걸림돌은 일본 정부 개입
소녀상 예술성 주제로 책 낼

이주민 주제 관심 '미술사학자'

는 2019년입니다."가장큰어려움은? "일본
에 영구히 자리할 예정이었던 소녀상은정부의 개입이죠."
신 8월14일부터6주동안함부르크 도로 그는 소녀상 조각의 미학적 위상에도 관
죌레 하우스에서 전시됐다.지금 이 소녀상이 많다.깊이 연구해 단행본으로 낼
이 이디에 있는지는 '대외비'이다.그는 계획
이다.지난 10일엔소녀상을만든 김서경·김
기간에 주함부르크 일본 총영사관을 찾운성 작가를 과천 현대미술관에서 만나
야 했다."총영사관에서 보자고 해 갔더니 2시
일본정부는 어떤 형태의 소녀상도 독일에간 이상 대화를 나누기도 했다.소녀상의
립되는 걸 반대한다'고 하더군요." 술성을 평한다면?"미학적으로 굉장히 수준
풍경 예술감독의 역할은?"소녀상이 들어이 높아요.고도의 추상을 추구하면서도
적절한 장소를 찾는 것이죠.독일 전역의본은 자연스러워요.또 과장된 제스처도
러 기관과 접촉해 우리 프로젝트를 소개이지 않아요.비극적이거나 드라마틱한
고 도움을 구하고 있어요."그는 소녀상의요
월건립이 무산되는 과정을 보면서 도 배제했죠.금 동미륵보살반가사 유

가 고트프리트 샤도가 미
토론하는 내용을 박사 논문
다뤘어요."
1995년이후엔미술품 거래
랑크푸르트 미술경매회사
골 질료유미술품 거래·전
2004년부턴독립 출판사
(regardeur)시리즈'저술도
과 이미륵,시카고에 있는
등을
주제로 지금껏 9권을 썼고
평화의소녀상 잗간틀과 왜떤
의숙녀를을다룰 계획이다
의 롤모델 그리고 작가들이
후
를 속에 있는지가 궁금했
해
그들이 민중미술 작가이
곳곳에
홀일엇알은 1우월간아뭄으
작뫁럿럿랂다 '나눔의집
읜가룸과 경계가 분명하
되었다 대해조금덖길으지
어 매우 치정적안 작가
요."말을 이었다."거기서
통용된 돈인 군표를 보았
성 노예
피해자들에게 자유가 없
중
거이죠.위안소는 완벽하
곳이

떤 부담이앙도 흔들리지 않는 튼튼한
터나가 필요하다는 걸 확인했다"고
의의 필자쳐 교육운동가 오성숙님 국보 83호)의고요함을 떠올리게 하죠."
추모하면
제쯤 소녀상 건립이가능할 까?"희망 연도 그는 베를린자유대에서 미술사 연구로

# 당신이 틔운 참교육 싹 이젠 후배들이
켜야죠"

# 기관과

있어요. 돌격 1번(이치방)이라고적힌콘돔도 보았어요. 일본군이 섹스를 살인의 기술과 결합했다는 분명한 증거이죠."

이번이 1998년이후20년만의한국 방문이란다. 일본대사관 앞 소녀상을 실물로 보기는

처음이다. "소녀상이수원에서처럼 널찍한 공

공장소에 있었다면 더 기뻤을 겁니다. (대사관

앞 소녀상이)차도와 가까운 인도 위에 낮게

자리해 행인들이 지나칠 수도 있을 것 같아요.

소녀상이 주변 환경과 조화롭게 술의 본질에 대해 자리하거나

단상 위에 있다면 좋을 것 같아요."

미술사학도인그가 관심을 갖는 큰 일을 해왔어요. 프 주제는

에서 일하기도 했이주민'이다. 독일내 이주민은 물론 다른 시 전문 컨설턴트나

라로 간 독일 이주민에게도 마음이 일인 '리가르되르 끌린단다.

했어요. 윤이상 일본 국가인 기미가요와 대한제국 괴테 기림비 등을 애국가를

10번째책은평화만든 독일작곡가 프란츠 에케르트를 연구한

것도 이런 이유에서다. 소녀상에 대한 대화를? "작가들 관심은

기 어떤 예술적 호언제? "2002년쯤한갤러리에서 이은희 대표 거요. 대화를 통해 만나 이응노 화백 이야기를 나누다 고 대도시 곳곳에 소녀상

상업적인 작품 약 얘기를 들었어요. 에케르트 연구를 하면서 한

는 걸 알게 되었과 일본 사이에 걸린 문제가 민감하다는 판 점도요." 걸

의집'을 찾아 몇시잘 알고 있었어요. "자국의 지난 역사도 방문을 통해 역 소녀

식을 얻게 되었어독일 상에 대한 관심을 키웠단다. "과거 나치

일본 군대에서만이 저지른 전쟁범죄의 정리 문제가 늘 거요. 이는 성노예리에

었다는 구체적 증에 있어요. 그래서 다른 나라가 과거사 정리를

게 부자유한 곳이 어떻게 하는지 관심을 가지고 지켜봤죠." sungman@hani.co.kr

그는 "과거를 제대로 들여다보지 않고

sungman@hani.co.kr

---

## '올,젠더와 법 연구소' 19일 설립

### 이사장 전효숙, 대표 전수안

사회·문화적 의미의 성별(젠더)관점에서 다양한 법 분야를 연구할 '사단법인올,젠더와 법 연구소'가 오는 19일설립된다. 법무법인 원 주도로 만들어지는 연구소의 이사장에는 전효숙(왼쪽 사진)전 헌법재판관, 대표에는 전수안(오른쪽)전 대법관이 선임됐다. 연구소는 다양한 법 분야를 젠더와 관련된 시각으로 연구하고 연구 성과를 공유함으로써 젠더 관련 법과 실무를 발전시키고 평등한 사회를 실현하는 것을 목적으로 삼는다고 연구소 쪽은 밝혔다. 창립 기념으로 19일

오후 2시서울 중구 을지로 페럼타워 페럼홀에서 이규 뉴욕시립대 교수를 초청해 '젠더

와 법,과제와 전망'콘퍼런스를 연다.

여현호 선임기자

### 성균관대 새 총장 신동렬 교수

성균관대는 제21대총장에 소프트웨어학과 신동렬(62·사진)교수가 선임됐다고 12일밝혔다. 신교수는 1994년성균관대 교수로 임용돼 정보통신 대학장,성균융합원장을 지냈다 임기는 내년 1월부터 4년이다.

---

## 인사

□ 국토교통부 <승진>□부이사관 <과장>□운영지원 전형필 □국토정책 김규철 □항공 윤진환 □교

통정책조정 안석환

□ 문화체육관광부 <전보>□과장급 □문화예술교육 과장 이용신 □교육부 파견 이정현

□ 교육부 □전남대 사무국장 박주용 □교원소청심사위원회 심사과장 서기관

□ 신용보증기금 □상임이사 김동완

## 알림

**Regardeur X**

Schriftenreihe für Kunst I Künstler I Betrachter

**Regardeur – Schriftenreihe für Kunst | Künstler | Betrachter**
Herausgegeben von Martin H Schmidt

Heft Nr. 1: Fritz Best-Cronberg – neu gesehen (2004)
Heft Nr. 2: Schaffenskraft Migration – Angelina Gradisnik (2007)
Heft Nr. 3: Franz Eckert – Li Mirok – Yun Isang. Botschafter fremder Kulturen.
Deutschland – Korea (2008)
Heft Nr. 4: Wilhelm Krieger – Tierbildhauer und Professor (2010)
Heft Nr. 5: Angelina Androvic Gradisnik – The Essential (2010)
Heft Nr. 6: Kunstguss in Lauchhammer – 1784 bis heute (2011)
Heft Nr. 7: Sun Wu Kung – Ein chinesisches Märchen in Deutschland (2012)
Heft Nr. 8: Das Goethe-Denkmal in Chicago (1914) – Made in Germany (2014)
Heft Nr. 9: Druckplatten expressionistischer Künstler aus dem Fritz Gurlitt-
Verlag (2016)
Heft Nr. 9a: Druckplatten expressionistischer Künstler aus dem Fritz Gurlitt-
Verlag. Ergänzungsband A (2017)
Heft Nr. 9b: Druckplatten expressionistischer Künstler aus dem Fritz Gurlitt-
Verlag. Ergänzungsband B (2017)
Heft Nr. 9c: Druckplatten expressionistischer Künstler aus dem Fritz Gurlitt-
Verlag. Ergänzungsband C (2018)
Heft Nr. 9 Sonderband: Das Buch Marathus (2019)

Dr. Schmidt Kunstberatung
Dr. Martin Schmidt-Magin
Am Gänsborn 10
61476 Kronberg/Ts.
Tel: 0163 361 25 18
eMail: info@curator4art.de
http://www.curator4art.de

Herausgeber: (V.i.S.d.P.) Dr. Martin Schmidt-Magin
1. Auflage: 2024

Gestaltung durch den Herausgeber
Herstellung und Verlag: Books on Demand GmbH, Norderstedt